KB055201

04
Abnormal Psychology

범불안장애

이용승 지음

_ 과도한 걱정과 불길한 기대

학지사

'이상심리학 시리즈'를 내며

21세기를 살아가는 우리는 급격한 변화와 치열한 경쟁으로 이루어진 현대사회에 적응해야 하는 커다란 심리적 부담을 안고 있다. 이러한 현실 속에서 현대인은 여러 가지 심리적 문제와 장애에 직면하게 될 가능성이 높다.

정신건강에 대한 사회적 관심이 증대되면서, 이상심리나 정신장애에 대해서 좀 더 정확하고 체계적인 지식을 접하고자 하는 사람들이 늘어나고 있다. 그러나 막상 전문서적을 접하게 되면, 난해한 용어와 복잡한 체계로 인해 쉽게 이해하기 어려운 것이 현실이다.

이번에 기획한 '이상심리학 시리즈'는 그동안 소수의 전문가에 의해 독점되다시피 한 이상심리학에 대한 지식을 일반 독자들에게 소개하기 위한 것이다. 이를 위해서 다양한 정신장애에 대한 최신의 연구 내용을 가능한 한 쉽게 풀어서 소개하려고 노력하였다.

'이상심리학 시리즈'는 서울대학교 심리학과 임상 · 상담 심리학 교실의 구성원이 주축이 되어 지난 2년간 기울인 노력의 결실이다. 그동안 까다로운 편집 지침에 따라 집필에 전념해준 집필자 모두에게 감사드린다. 아울러 어려운 출판 여건에도 불구하고 출간을 지원해주신 학지사 김진환 사장님과 한 권 한 권마다 좋은 책이 될 수 있도록 성심성의껏 편집을 해주신 편집부 여러분에게 고마움을 표한다.

인간의 마음은 오묘하여 때로는 "아는 게 병"이 될 수 있다. 그러나 이러한 우려보다는 "아는 게 힘"이 되어 보다 성숙하고 자유로운 삶을 이루어나갈 수 있는 독자 여러분의 지혜로움을 믿으면서, '이상심리학 시리즈'를 세상에 내놓는다.

2000년 4월
서울대학교 심리학과 교수
원호택, 권석만

2판 머리말

현대는 불안의 시대라고 한다. 일상생활에서 다양하게 경험하는 모호함과 막연함은 우리에게 상당한 불안을 자아내고 앞날에 대한 걱정에 휩싸이게 만든다. 이러한 불확실성 속에서도 어떤 사람은 과감하게 모험을 하고 결국에는 성취를 해내며, 이를 통해 만족감을 느끼고 자기실현을 한다.

하지만 범불안장애를 가진 사람들은 일상의 사소한 일까지 걱정만 하고 모호한 불안감에 휩싸인다. 그러나 이러한 불안에도 불구하고, 그것이 버티어야 할 불가피한 불안이라면 과감하게 감당하며 나름대로 주체적인 삶을 살아갈 수는 없을까? 불안의 정체를 적절히 파악하지 못하고 다루어나가지 못한다면 우리의 삶은 너무나도 불행할 것이다.

이 책에서는 우리가 느끼는 다양한 불안에 대해 기술하고 있다. 이 책에서 다루는 주제들을 통해 평소에 경험하는 불안에 관심을 기울이고 용감하게 들여다볼 수 있는 기회를 가진다면 이러한 불안은 존재론적인 삶에 대해 역설적으로 많은 의미를 제공할지도 모른다.

모든 불안을 회피만 할 것이 아니라 불가피한 불안이라면 과감하게 더불어 사는 용기도 필요하다. 어려움이 있다면 있는 그대로 받아들이고 더 이상 과대 포장하거나 축소시킬 필요가 없다. 여러분에게 이런 용기와 지혜가 솟아나기를 충심으로 기원한다.

2016년

이용승

차례

1 범불안장애란 무엇인가 — 9

범불안장애란
무엇인가

1

1. 현대인과 불안

1) 불안이란 무엇인가

학교에서 시험을 보거나, 직장에서 여러 사람 앞에서 발표를 할 때, 그리고 대학교에 들어와서 첫 미팅을 할 때 등 여러 상황에서 다양한 수준의 불안을 경험한다. 어느 정도의 불안은 이러한 상황에 대해 준비를 하게 하고 적절한 수행을 하는 데 도움을 준다. 불안을 느끼는 것은 누구나 경험하는 보편적인 현상이고, 임박한 상황에 대처하는 데 유용한 반응일 수 있다는 말이다.

불안하고 긴장이 될수록 정서적인 각성수준이 높아지게 되는데, 이러한 각성수준이 너무 높거나 너무 낮을 경우에는 수행 능률이 떨어지고 오히려 적절하게 긴장되어 있을 때 가장 능률적인 수행을 한다고 알려져 있다. 따라서 적질한 긴장을 유지하면서 집중해서 일을 처리할 때 주어진 일을 가장 효율적으로 처리할 수 있을 것이다. 이처럼 불안은 항상 우리에게 부정적인 영향만을 주는 것은 아니며, 적절하게 유지될 경우에는 학습과 수행에 긍정적인 영향을 미친다. 이런 의미에서 불안은 살아가는 데 불가피한 현상이라고 볼 수 있다.

불안 증상은 모든 심리장애에서 공통적으로 나타나는 비교적 흔한 증상이지만, 우리가 불안장애라고 이름 붙이는 경우는 일반적으로 구체적인 상황과 관련된 현실적이고 적절한 반응으로 볼 수 있는 불안과는 많은 차이가 있다. 불안은 어떤 경우에 갑자기 감당할 수 없을 정도로 매우 강렬하게 경험될 수 있다. 공황발작이라고 불리는 이러한 경험은 심한 경우 미칠 것 같거나 죽을 것 같은 불안감에 압도될 수 있고, 예측하기 어려운 상황에서 발생하기 때문에 통제가 불가능하다고 지각하고 상당한 무력감에 휩싸이게 된다.

어떤 경우에는 특별한 유발자극이나 대상 없이 만성적으로 항상 불안과 걱정에 시달리면서 지내기도 하며, 신체적으로 긴장되거나 뻣뻣해지는 증상들을 호소하기도 한다. 이러한 사람들은 실제로 현실적인 문제가 무엇인지를 파악하여 능동적으로 문제해결적인 시도를 하기보다는 수동적으로 걱정만 하면서 지내는 경향이 있다.

또한 불안은 구체적인 대상이나 상황과 관련되어서만 나타나기도 한다. 어떤 사람은 너무 불안해서 엘리베이터를 타지 못하고, 어떤 사람은 사고가 날까봐 혼자서는 다리를 건너지 못하는 경우도 있다. 그리고 누군가를 죽이는 공상과 같은 원치 않는 생각이 자꾸 떠올라 죄책감에 시달리기도 하고, 불결한 이물질이 자꾸 몸속으로 들어올 것 같아 반복해서 손을 씻어야 하는 사람들도 있다.

이와 같이 우리는 강한 공황적인 불안에 압도당할 수 있고, 계속해서 걱정에 휩싸일 수 있으며, 강박적인 사고나 행동에 시달리기도 하는 등 다양한 불안 증상을 경험한다. 그 밖에도 악몽을 꾸기도 하고, 가슴이 뛰거나 손발이 땀에 젖기도 하며, 근육에 심한 긴장이 오는 다양한 신체적인 증상이 나타날 수 있다.

불안장애는 정서장애 중에서도 가장 흔한 장애다. 최근 통계를 보면 아홉 명 중에서 한 명이 진단적으로 유의미한 불안 증상을 경험한다는 보고가 있다. 이들의 대부분은 약물이나 심리치료적인 개입을 통해 많은 도움을 얻을 수 있지만, 불안장애를 가진 많은 사람은 다른 심리장애에 비해 이러한 치료를 받지 않는 경우가 많으며, 이로 인해 증상이 더욱 악화되거나 심지어는 병원에 입원하는 사례가 생기기도 한다. 이러한 불안한 증상 외에도 우울한 느낌이나 심리적인 불편감, 고통 등을 경험할 수 있는데, 이런 경우 상담이나 심리치료를 받는 것에 대해서 다소 부정적인 시각으로 바라보는 경우가 많은 것 같다.

심리치료는 병원에 입원하여 수술을 받는 환자처럼 치료자에게 일방적으로 모든 것을 다 맡기고 알아서 처분해 달라는 것이 아니다. 우리가 삶의 문제나 고통, 어려움 등에 당면했을 때 이를 기회로 자신의 문제에 대해 그리고 삶에 대해 이전과는 다른 시각으로 진지하게 성찰해보고 좀 더 효율적인 해결책을 모색해보는 시간을 갖는 것이라고 할 수 있다. 그러므로 이러한 불안과 같은 제반 심리 증상들은 한편으로는 사람들에게 심리적인 불편감이나 고통을 주지만, 다른 한편으로는 삶에 대해 다시 한 번 곱씹어볼 수 있게 하고, 무엇이 문제인지 성찰해볼 수 있는 기회를 제공하기도 한다.

정신병리적으로 우울이나 불안 증상들은 신체적인 질병과 마찬가지로 우리의 내면적인 삶에서 무언가가 역기능적으로 돌아가고 있다는 것을 알리는 신호일 수 있다. 이럴 때 전문가의 도움을 받아서 자신에게 무엇이 문제이고, 어떻게 역기능적인지를 되돌아보며, 이를 건설적으로 해결해나가는 시도를 하는 것은 매우 중요하다고 할 것이다. 실제 임상장면에서 상담이나 심리치료를 통해 이러한 심리장애들을 제대로 다루게 되면, 자신과 주위 사람들 그리고 세상에 대해 이전과는 다른 새로운 시각에서 바라보고 경험할 수 있게 되고, 훨씬 의미있고 행복한 삶을 살게 되었다고 이야기하는 사람들을 많이 보게 된다.

2) 어떤 경우 불안을 경험하게 될까

세상 경험을 심리적으로 조직화하고 추스르는 능력이 발달하기 이전의 어린 시절에는 사소한 좌절이나 위협에도 누구나 쉽게 불안감을 경험할 수 있을 것이다. 성인이 되어서도 자연재해나 전쟁과 같은 엄청난 사건을 경험하게 되면 사람은 심한 불안을 느낄 것이다. 이렇게 실제 위협에 대처할 수 있는 자아 능력이 너무 취약하거나, 위협적인 자극의 강도가 너무 강할 때에는 누구나 불안을 경험할 수 있다. 이러한 위험이나 위협을 예상하는 반응은 인간의 생존 과정에서 적응을 위하여 필수적인 요소라고 할 수 있다.

하지만 이러한 위험의 예상이 객관적으로 구체적인 대상과 불일치하고 모호한 성질을 띨 경우에는 역기능적으로 작용하게 된다. 즉, 위험이 사라진 경우에도 계속해서 경계 태세가 지속될 수 있고, 어떻게 대처해야 할지 모르고 방향 감각을 잃을 수도 있다. 급성적이고 강렬한 형태의 불안을 경험할 경우에는 마치 통제 불가능한 두려움과 공포에 의해 압도되는 느낌을 받는다. 이러한 불안을 경험하는 사람은 생존이 위태롭다고 느끼고, 심한 경우 미치거나 죽을 것 같은 느낌과 함께 다양한 신체 반응들을 수반한다. 그 밖에도 불안은 다양한 형태로 나타난다.

아펠바움S. Appelbaum은 불안에 대하여 다음과 같이 기술하고 있다.

> 불안은 누구에게나 나타나는 것으로 어떤 의미에서는 정상적이라 할 수 있다. 어떤 순간, 어떤 사람에게는 적응적인 현상일 수도 있고 그렇지 않을 수도 있다. 때로는 지나치게 강렬할 수도 있고 아주 약할 수도 있다. 그리고 본래의 무서운 대상에 대해서라기보다는 대치된 다른 대상에 대하여 불안해질 수도 있다. 또한 존재론적 불확실성의 한 측면일 수도 있고 신경증적 증상의 일부일 수도 있다.

여기에서 이상심리학적인 입장에서 관심을 가지는 부분은 심리장애에서 나타나는 신경증적인 불안에 관한 것이다. 이 책에서 주로 다루는 범불안장애와 같은 불안장애에서는 특정한 상황이나 구체적인 대상과는 무관하게 모호한 불안이나 걱정에 시달리는 경우가 많다. 불안이 어떻게 해서 생겨나는가에 대해서는 생물학적, 심리학적으로 다양한 이론적인 접근이 있다.

프로이트s. Freud의 정신분석psychoanalysis에서 비롯된 정신분석적인 입장에서는 이러한 모호하고 근거 없는 불안이 구체적인 공포를 억압한 데서 생겨난 것이라고 본다. 즉, 억압으로 인해 공포 반응이 구체적인 내용을 잃고 모호한 불안 반응으로 퇴행하게 된다는 것이다. 이러한 억압과 같은 심리적인 작용은 두려운 정서 상태를 참지 못하는 과정에서 진행된다. 그리하여 참기 어렵고 불쾌한 정서 상태는 무의식화와 억압을 가동시키고, 그럼으로써 공포는 그 구체적인 내용을 빼앗긴다. 여기에는 이별과 상실로 인한 심리적인 고통, 자기 상실감, 수치심과 죄책감 등이 있다.

우리가 성장하고 살아가면서 경험할 수 있는 이러한 부정적인 정서 경험들은 때로 감당하거나 추스르기 어려울 때가 많다. 그래서 일시적으로 억압과 같은 심리적인 반응들을 통해 자기를 추스르려는 시도를 하게 된다. 일시적으로는 이러한 조절 시도가 불가피하겠지만, 일상생활의 다른 경험들에 대해서도 예민하게 반응하여 경직되게 대처하거나 이러한 양상이 만성화되면 이상심리학에서 심리장애라고 부르는 여러 가지 증상이나 성격이 나타나게 된다.

프로이트는 초기에 무의식을 억압된 것과 동일한 것으로 보았고, 의식이 받아들이기 어려운 추동적인 자극과 흥분, 상실, 죄책심, 너러 가시 수치스러운 체험과 같은 것이 무의식에

추방되어 있다고 보았다. 정신분석적인 입장에서는 현실에서 뚜렷한 근거가 없는 모호한 불안 상태가 이와 같이 구체적이고 일정한 위험에 대한 근거 있는 반응이라고 이해하였다. 약한 형태의 불안은 외상적인 불안의 잠재적인 시작을 신호하는 것으로 볼 수 있다. 이러한 신호는 불안을 감소시키기 위해 자동적으로 방어를 일으키게 된다.

심리치료를 통해 이러한 무의식적인 불안이 의식되어 경험되거나 외현적인 불안 뒤에 숨어 있는 무의식적인 불안을 제대로 파악하고 이해하게 되면 자신의 근거 없는 신경증적 불안이 경감되고 자유로워지는 경우를 본다. 이렇게 무의식적인 불안은 한 인간의 심리역동에서 대단히 중요한 역할을 한다. 따라서 이를 제대로 인식하고 통찰하는 것은 매우 중요하다. ◆

2. 불안과 범불안장애

불안은 살아가면서 겪게 되는 여러 가지 경험이나 상황에 대한 반응으로 나타난다. 여러 가지 불안과 관련된 장애가 있을 수 있지만, 그중에서도 범불안장애는 과도한 불안과 더불어 미래에 대해 걱정과 불길한 기대를 하며, 이러한 걱정이 잘 통제되지 않는 불안을 경험할 때 진단되는 불안장애다. 범불안장애는 항상 걱정에 시달리는 것이 주된 특징이다. 이와 관련하여 안절부절못하고 쉽게 피곤해지며 주의집중이 어렵고 근육이 긴장되며 수면에도 곤란을 겪는다.

범불안장애의 또 다른 특징은 다른 불안장애와는 달리 불안을 유발하는 자극이나 상황이 모호한 경우가 많고, 외적인 상황과 관계없이 불안을 경험한다는 것이다. 하지만 이 장애를 잘 들여다보면 특정한 대상이나 상황에 대한 공포보다는 여러 종류의 상황에 대한 공포가 드러난다.

　벡A. Beck에서 비롯된 심리치료의 한 분야인 인지행동적 입장[1]을 보면, 범불안장애는 다른 불안장애와 마찬가지로 위험과 위협에 대한 과도한 인지적 평가에 기인하며, 공포장애에 비해 불안을 유발하는 자극 상황이 불특정적이고 광범위하며 다양하다는 점에서 다르다. 이들은 신체적 손상, 질병, 죽음, 심리장애, 심리적 손상, 통제불능, 실패나 대처불능, 거절, 비난 등의 주제와 관련된 자동적 사고 및 심상을 가지고 있다. 그리고 이러한 사고나 심상을 의도적으로 조절할 수가 없어서 자꾸 의식 속에 떠올라 끊임없는 걱정을 하게 된다. 또한 이러한 인지와 현실을 변별하는 능력이 저하되어 그것이 의식되면 마치 그러한 일이 실제인 듯이 불안을 경험한다는 것이다. 다음의 사례들을 보자.

---

1 인지행동적 입장에서는 증상과 관련된 자동적 사고나 왜곡된 신념 체계를 직접 다룸으로써 우울이나 불안장애와 같은 정서장애를 치료한다. 우울증과 관련하여 벡은 우울한 내담자들이 상실, 실패, 패배, 무능의 주제와 관련된 부정적이고 비관적인 생각과 심상을 가지고 있다는 것을 발견하였다. 이러한 부정적이고 비관적인 사고는 의식적인 주의와 노력을 기울이지 않으면 내담자 자신에게 잘 의식되지 않을 수 있으며, 촉발사건 혹은 환경적 자극에 의해 의식되지 않은 채 자동적이고 습관적으로 유발되는 경향이 있다. 벡은 이러한 인지를 부정적인 자동적 사고라고 명명하였다.

30세의 기혼 남성인 K는 지난 6개월 동안 계속해서 손바닥에 땀이 나고 가슴이 두근거리며 머리가 어지러운 증상이 심했다고 호소하였다. 그는 또한 입과 목이 마르고 뒷골이 당기고 어깨가 긴장되는 경험을 자주 하였으며, 직장 동료들과도 잘 어울리지 못하고 소외감을 경험하곤 하였다. 실제로 이러한 느낌들은 증상들이 심해진 수개월 이전부터 몇 년 동안 지속되어온 문제들이었다.

K에게는 많은 걱정이 있었다. 줄곧 부모님의 건강이 나빠져서 돌아가시지 않을까 걱정을 하고, 자신이 아이들에게 좋은 아빠인지, 아내가 자기를 떠나버리지는 않을지, 직장 동료들이 자기를 싫어하는 것은 아닐지 등을 걱정하였다. 가족들을 면담한 바에 의하면 부모님의 건강에 특별히 문제가 있는 것도 아니었고, 아내도 결혼생활에 불만이 많지는 않았다. K는 자신의 걱정에 뚜렷한 근거가 없다는 것을 알았지만 걱정에 휩싸여서 시간을 보내는 경우가 많았다.

지난 수년 동안 K는 이러한 증상들 때문에 주변 사람들과 별로 접촉하지 않았다. 대학을 졸업한 후에 취직한 회사에서는 사소한 업무에 시달려 회사를 한 번 옮기기는 하였지만 그 이후로는 한 회사에서 줄곧 일해왔다. 그는 아내와 주변 사람들에게 자신의 걱정이나 불안 경험들을 이야기해 보지 않았다. 혹시 이러한 경험들을 이야기하면 사신이 약하게 보일 것이라고 생각하였던 것이다.

　지속되는 이러한 증상들은 K를 낙담시켰지만 스스로 우
울하다고 느끼지는 않았다. 증상이 심해진 이후에 가정의학
과와 신경과를 찾아갔는데, 검사상에는 특별한 문제가 없
다고 한다.

　33세의 대기업 대리인 S는 심한 불안 증상으로 상담소에
찾아왔다. 그동안 자신에게 주어진 일들을 열심히 잘 수행
해왔지만, 최근 들어서는 반복되는 일상의 업무에 별다른
흥미를 느끼지 못하고 지루해하였으며, 다른 직장이나 현
장 근무로 옮겨볼까 생각하는 중이었다.

　상담이 진행되면서 S는 업무에 대해 상당한 부담감을 느
끼고 있는 것이 드러났다. 그는 오랫동안 진행되었던 프로
젝트가 끝난 후여서 몹시 허전해하였으며, 일에 잘 집중을
하지 못하고 멍하게 있는 시간이 많아졌고, 이러한 근무태
도 때문에 상사로부터 여러 번 지적과 핀잔을 받았다. 최근
에 컴퓨터 구입 관계로 수억 원에 달하는 계약을 성사시키
는 일을 맡게 되었는데, 상대 거래처에서 별다른 반응을 보
이지 않고 일이 진척되지 않자 상당한 압박감을 느끼고 있
었다. 이런 상태에서 퇴근 후나 주말에 집에서도 편히 쉬지
못하고 불안해지거나 가슴이 울렁거리는 일이 자주 발생하

였다.

S는 자기가 맡은 임무를 어떻게 해서든지 혼자서 다 처리해내야 한다고 생각했다. 직장 상사는 계약에 관한 모든 권한을 S에게 일임하였고, S는 이 계약의 성사가 자신의 과장 진급을 좌우한다고 생각하였다. 그래서 계약이 성사되지 않으면 지금까지 쌓아온 자신의 모든 실적이 하루아침에 물거품이 될지도 모른다는 절박한 심정으로 임하였다. 하지만 그렇게 마음먹을수록 긴장이 가중되었으며, 끝내 이 일을 성사시키지 못할 것에 대한 걱정과 불안감에 시달려서 조퇴를 하거나 월차를 내야만 했다.

위의 두 사례에는 범불안장애 내담자들이 어떤 증상들을 보이는지가 잘 나타나 있다. 이러한 내담자들이 보이는 불안과 같은 심리적인 증상을 잘 탐색해보면 자신의 삶의 문제나 갈등과 역동적으로 관련되어 있음을 발견할 수 있다. 상담이나 심리치료를 받으려고 찾아오는 내담자들 중에는 불안이나 우울과 관련된 증상들을 호소하면서 상담자가 알아서 외현적인 증상만을 감소시켜주기를 바라는 경우가 있다. 어떤 경우에는 특정의 불안 증상만 제거되면 아무런 문제없이 잘 살아갈 수 있다는 식으로 나오기도 한다.

현실 생활에서 불안이 어떤 의미를 가지고 어떻게 기능하는지를 충분히 파악해서 적절히 대처할 생각을 해야지, 이러한 불안을 마치 수술을 통해 떼어버려야만 하는 혹이나 이물질로 취급하는 경향은 매우 위험한 발상이라고 할 수 있다. 대개는 내담자가 불안한 상태를 너무 견디기 힘들어하거나 일상생활에 심각한 불편을 초래하는 경우가 많기 때문에 우선 이러한 불안부터 적절하게 다루어야 하겠지만, 외현적인 증상과 관련하여 삶에서 경험하는 여러 가지 갈등이나 심리역동적인 측면을 제대로 이해하고 통찰할 때 훨씬 자신의 진실한 모습과 맞닿는 경험을 하게 되고 전혀 새로운 시각에서 자신과 세상을 바라보게 된다.

상담이나 심리치료를 받으면서 때로는 오히려 불안이 증가하는 경우가 생기기도 하는데, 단순히 불안이 있느냐 없느냐의 잣대로 심리치료적인 변화를 이해하거나 평가하는 것은 적절하지 않다고 할 수 있다. 예를 들어, 심리치료를 받고 나서 자아가 확장되면 불안에 대한 내성이 증가하게 되고, 자아가 불안을 극복하면 할수록 삶 자체에 내재되어 있는 존재론적인 관심사에 대하여 더 직면할 수도 있으며, 이러한 현실을 버티어나가는 과정에서 불안이 증가할 수 있다. 그러므로 일차원적으로 불안이나 우울과 같은 외현적인 증상만을 들여다볼 것이 아니라 다양한 심리 증상과 관련하여 내담자의 자아 기능, 심리구조, 갈등해소 양상 등에 대한 역동적이고도 입체적인 의미를 유기적으로 파악해야만, 한 인간의 삶의 모습을 제대로 이해하고 치유적으로 다루어나간다고 할 수 있을 것이다.

불안 증상을 보이는 내담자의 심리치료는 우선 체계적이고 철저한 첫 면접부터 시작한다. 정신분석적인 입장에서는 불안을 다양한 요인에 의해 결정되는 '빙산의 일각'으로 개념화한다. 치료자는 내담자의 기저에 있는 두려움의 성질을 규명해야 하고, 내담자의 성격 조직화에서 불안이 어떤 역할을 하고 있는지를 평가해야 한다. 그 밖에 자아 능력, 대상관계[2]의 질, 불안의 의미에 대해서도 탐색해야 할 것이다.

정신분석적인 치료적 개입은 부분적으로는 내담자의 임상적인 상태와 관심에 달려있다. 특정 증상이 있고 자아 강도가 비교적 강한 내담자들은 단기적인 심리치료를 통해서도 많은 도움을 얻을 수 있다. 심한 성격병리가 있는 내담자가 불안이나 우울 증상을 호소할 경우에는 장기적인 치료가 필요한데,

---

2 대상관계 이론(object-relations theory)은 유기체를 소외된 하나의 존재로 보지 않고 환경과의 상호작용 속에서 파악하려 하는 시도다. 즉, 인간 각 개인은 자신의 성격 특성을 가지고 태어나서 그의 환경에 영향을 끼치며 환경과의 상호작용 속에서 성장한다는 것이다. 개인은 대상(예: 어머니)과 상호작용하면서 자기와 상대방에 대한 표상을 형성하고, 행동에 대한 기대를 가지며, 관련된 감정들과 상황 맥락에 대한 표상을 형성한다. 이러한 자기표상과 대상표상 및 이들 간의 관계가 대상관계이며, 대상관계에 의해 실제적인 대인간 상호작용 행동의 많은 부문이 좌우된다(윤순임, 1995).

심한 성격장애와 같은 초기 장애[3] 문제가 부각될 경우에는 치료가 매우 어렵다고 할 것이다. 근본적인 성격 변화나 충분한 자기실현에 관심을 갖는 내담자도 정신분석 심리치료를 지속적으로 받으면 큰 도움이 된다. ◆

---

3 각 개인은 대상과의 관계를 통해 역동적인 내재화와 외재화 과정이 일어나며 심리내적인 구조가 형성된다. 이러한 심리구조와 관련하여 갈등이 문제시되는 경우와 구조적 결핍이 문제시되는 경우로 나누어볼 수 있다. 초기 장애는 주로 구조적 결핍과 관련되며, 오이디푸스 콤플렉스와 같은 삼자관계에서의 갈등이 문제시되는 경우보다 심한 성격장애(예: 경계선 성격장애, 자기애성 성격장애)로 발전할 수 있다. 이러한 초기 장애에서는 주로 자기확인, 자기신뢰, 안정감, 자기가치감 등이 문제가 된다. 자기애적인 문제는 코헛(Kohut), 컨버그(Kernberg) 등에 의해 본격적으로 연구되었으며, 추동과 갈등 중심의 고전적 정신분석을 많이 보완하고 있다(윤순임, 1995).

3. 범불안장애의 진단

범불안장애는 1980년 미국정신의학회에서 발간한 『정신장애의 진단 및 통계 편람–제3판DSM-III』에서 처음 정의되었고, 1987년에 걱정을 주된 특징으로 하여 개정되었으며, 1994년에 제4판DSM-IV, 그리고 최근 2013년에 제5판DSM-5이 발간되었다.

범불안장애는 공황장애 등과 같은 다른 불안장애에 비해 늦게 시작된다. 외국의 한 통계를 보면 치료받으러 온 사람들의 평균 나이는 39세이며, 장애가 시작되고부터 심리치료 클리닉에 찾아오기까지 평균 약 25년이 걸린다는 보고도 있다. 현재 범불안장애로 진단받은 환자들이 수년 전에도 이 장애의 진단기준을 충족시켰는지는 잘 모르지만, 성인기의 범불안장애는 아동기에서부터 오래 지속된 불안에 대한 민감성이나 걱정하는 경향이 반영되어 있나.

🔑 범불안장애 진단기준 (DSM-5; APA, 2013)

A. 과도한 불안과 걱정(염려스러운 기대)이 적어도 6개월 동안 50% 이상의 날에 일어나는데, (일이나 학업 수행과 같은) 다양한 사건이나 활동에 대한 것이다.

B. 개인은 이러한 걱정을 통제하기가 어렵다고 느낀다.

C. 불안과 걱정은 다음의 6개 증상 중 3개 이상과 관련된다 (아동의 경우는 1개 이상).
   (1) 안절부절못함 또는 가장자리에 선 듯한 아슬아슬한 느낌
   (2) 쉽게 피로해짐
   (3) 주의집중 곤란이나 정신이 멍해지는 느낌
   (4) 화를 잘 냄
   (5) 근육 긴장
   (6) 수면 장해(잠에 들거나 지속하기의 곤란 또는 초조하거나 불만족스러운 수면)

D. 불안, 걱정 또는 신체적 증상이 심각한 고통을 유발하거나 사회적, 직업적 또는 다른 중요한 영역의 활동에 현저한 손상을 초래한다.

E. 이러한 장해는 물질(예, 남용하는 약물, 치료약물)이나 다른 의학적 상태(예: 부신피질호르몬 과다증)의 생리적 효과에 기인한 것이 아니다.

F. 이러한 장해는 다른 심리장애에 의해서 더 잘 설명되지 않는다(예: 다음과 같은 것들에 대한 불안이나 걱정이 아니어야 한다. 즉, 공황장애에서 공황발작, 사회불안장애에서 부정적 평가, 강박장애에서 오염 또는 다른 강박사고, 분리불안장애에서 애착대상과의 이별, 외상후 스트레스 장애에서

> 외상사건 회상 촉발 자극, 신경성 식욕부진증에서 체중 증
> 가, 신체증상장애에서 신체적 호소, 신체변형장애에서 지각
> 된 외모 결함, 질병불안장애에서 심각한 질병 또는 정신분
> 열증이나 망상장애에서 망상적 신념의 내용).

불안을 표현하는 방식은 문화에 따라 차이가 있는데, 어떤
곳에서는 불안이 주로 신체적인 증상으로 표현되고 어떤 곳에
서는 인지적인 증상으로 표현되기도 한다. 그러므로 특정 상
황에 대한 걱정이 과도한지를 평가할 때는 문화적인 맥락을
고려해야 한다. 심리장애는 문화적인 맥락에 따라 상이하게
표출될 수 있는데, 대표적인 예로는 우리나라에서만 찾아볼
수 있는 화병이 있다. 화병은 불안, 우울 그리고 신체 증상들
이 복합된 임상 양상을 보이며, 환자가 병식을 갖고 있다는 점
이 신체 증상 및 관련장애Somatic Symptom and Related Disorders와는
구분된다.

이시형(1997)은 화병이란 화가 날 만한 충격적인 일을 겪고
갈등과 체념의 기간을 거치면서 화 또는 분노를 억제하거나
신체적으로 투사한 결과로 나타난 만성적인 장애라고 하였다.
민성길(1991)은 화병이 외적 요인에 의해 생긴 감정반응들이
불완전하게 억제되어 적응장애가 생기고 장기간에 걸쳐 누적
되면서 발생하는 것으로, 성인이 된 이후 반복해서 겪는 감정

반응을 의식적으로 억제하는 데서 비롯되는 것으로 보았다. 이러한 화병은 걱정이 주된 증상인 범불안장애와는 구분되지만, 불안이 신체적인 증상을 통해서도 표현될 수 있다는 점은 화병과 관련된 심리장애에서 의미있는 비교 문화 연구들이 수행될 수 있음을 보여준다.

범불안장애는 성인뿐만 아니라 아동과 청소년들에게도 진단될 수 있는데, 이전에는 아동과 청소년들에게는 아동기 과잉불안장애childhood overanxious disorder라는 진단이 따로 있었다. 이들의 불안이나 걱정은 주로 학교나 운동경기에서의 수행이나 능력과 관계된다. 또한 꼼꼼함에 대한 과도한 관심이 있을 수 있으며, 지진이나 핵전쟁 같은 재앙적인 사건에 대해 걱정할 수도 있다. 이 장애가 있는 아동들은 과도하게 동조적이고, 완벽주의적이며, 자기를 확신하지 못한다. 이들은 완벽한 수행에 대해 만족하지 못하여 과제를 다시 하는 경향이 있다.

임상장면에서 범불안장애는 남성보다 여성에게서 약간 더 많다여성이 거의 2/3. 범불안장애의 평생 유병률은 약 5%이며, 불안장애 클리닉에서는 약 12% 정도가 범불안장애를 보인다고 보고되었다.

범불안장애는 매우 오래 지속되는 경향이 있다. 대부분의 내담자가 평생 동안 걱정을 해왔거나 불안했다고 보고하므로 종종 불안이나 걱정을 성격적인 특성으로 간주한다. 범불안장애 내담자 중에서 절반 정도는 성격장애와 동시에 진단되기도 한다. 이들에게 가장 흔하게 동반되는 성격장애는 회피적이거나 의존적인 유형의 성격장애다.

회피성 성격장애avoidant personality disorder는 사회적으로 억제되어 있고 부적절감을 느끼며 타인의 부정적인 평가에 매우 예민하게 느끼는 경우로, 청소년기 이후로 만성화된 양상을 보일 때 성격장애로 진단된다. 이들은 비판이나 거절에 대한 두려움 때문에 직업활동과 같은 대인관계를 회피하고, 부끄러움과 조소받을 것에 대해 두려워하여 친밀한 관계를 잘 맺지 못한다. 이들은 낮은 자존감, 거부에 대한 극도의 예민함, 불안과 불신, 두려움, 소심함, 당황하거나 바보스럽게 행동할지도 모른다는 자기의식을 가지며 억압되고 내향적이며 불안한 행동 양상들을 보인다. 우리나라처럼 타인과 경쟁하는 분위기가 팽배하고 과정보다는 결과로서 능력을 평가받는 사회에서는 이러한 병리가 상당히 만연해있는 것으로 보인다.

의존성 성격장애dependent personality disorder는 일상적인 일이나 결정을 스스로 하지 못하고 다른 사람에게 과도하게 의존하는 성향이 특징이다. 혼자 있을 때는 무력함을 느끼고 자신감이 없으며 다른 사람의 요구에 순종하는 경향이 강하다. 이 유형의 사람들은 의존 관계를 중요시하고 이를 지속하기 위해 다른 사람의 무시나 학대까지도 참고 견디며, 인정을 받기

위해 자신의 지위를 격하시키기도 한다. 또한 이들은 자기주
장적이고 적극적인 행동을 요구하는 상황에서 적절하게 반응
하지 못한다. 이러한 성향은 성장 과정에서 능동적이고 주체
적으로 자기의 삶을 실현해나가는 힘을 키우기보다는 과잉보
호를 받고 수동적으로 적응하는 분위기에서 조성되는 경향이
있을 것이다.

DSM-5에는 포함되지 않았지만 의존성 성격장애와 관련하
여 수동공격성 성격장애passive-aggressive personality disorder가 있
다. 수동공격성 성격장애는 우리 문화에 매우 팽배해있는 경
향으로, 적절한 행위를 요구하는 데 대해 부정적인 태도나 수
동적인 저항의 태도를 광범위하게 보인다. 이들은 빈둥거리
기, 늦장 부리기 혹은 잊어버리기, 고의로 무능하게 보이기 등
과 같은 수동적이고 간접적인 방식으로 권위나 요구, 의무, 책
임 등에 저항하는 경향이 있다. 청소년의 경우에는 직접적으
로 부모에게 반항하기보다는 아침에 꾸물거리면서 학교에 지
각을 하거나 시험을 망치는 행동 등이 여기에 속한다.

범불안장애는 사회불안장애social anxiety disorder 또는 사회공
포증social phobia과도 밀접한 관계가 있다. 범불안장애 내담자
들이 두려워하는 사회적 상황은 권위적 인물예: 상사, 교사과의
만남, 집단예: 대중 앞에서의 발표과의 만남, 능력이 평가되는 상황,
사회적 평가 상황예: 타인에게 부탁이나 제의를 할 때, 낯선 사람과의

만남 등이다. 이러한 상황에서 자신이 타인에게 무시되거나 조롱거리가 되고 거부당하는 것과, 자신 또는 타인에 의한 기대나 요구에 부응하지 못하고 잘 대처하지 못할 것에 대한 생각이 중심적인 사고 내용을 이룬다. 한편, 사회공포증은 회피성 성격장애와도 밀접한 관련이 있다.

범불안장애 내담자들은 종종 사회적으로 불안하고 확신이 없으며 사기가 저하되고 우울한 경우가 많다. 이들은 증상으로부터 언제 자유로울지 예상할 수 없고, 다른 사람의 도움 없이는 어떤 문제가 일차적인지 아니면 이차적인지를 잘 구분하지 못한다.

범불안장애는 기본적이거나 핵심적인 불안장애로 간주되어 왔다. 하지만 범불안장애라는 진단 범주가 생긴 지는 오래되지 않았다. 그만큼 다른 불안장애에 비해서는 알려진 것이 적으며 비교적 최근에야 주목을 받기 시작하였다.

인지행동적인 입장에서 보면 이 장애는 자기와 관련된 부정적인 반추, 역기능적인 자기지식, 특정 처리양식 등과 같은 불안 상태에 취약하게 하는 기본적인 인지 과정들이 있다. 대표적인 인지행동치료자인 벡은 지각된 위험들의 수나 부담이 그것들을 대처하는 데 지각된 능력을 능가할 때 불안이 일어난다고 주장한다. 하지만 강박장애나 공황장애 같은 불안장애들에 비하면 범불안장애에 대한 세부적이고 구체적인 인지

행동적인 개념화는 상당히 미흡한 편이며, 앞으로 많은 연구
와 개념화가 필요한 영역이다.

진단적으로 범불안장애는 다른 불안장애와 마찬가지로 범
주적으로 구분되는 한 하위유형으로 다루어지고 있다. 하지
만 이러한 분류체계를 통해 우리가 불안이라는 증상을 제대로
이해할 수 있을지에 대해서는 상당한 비판적인 시각이 있다.
진단분류체계는 특정의 이론에 편중되지 않고자 하는 시도에
서 이루어졌지만, 이런 과정에서 불안을 다양한 무의식적 갈
등에서 비롯된 어떤 증상으로 파악하기보다는 하나의 질병으
로 취급하게 되고 말았다. 그러므로 불안을 경험하는 많은 내
담자가 자신이 무엇에 대해 불안해하는지를 잘 모를 수 있으
며, 마치 수술로 제거해야 할 혹처럼 불안을 다루는 경향이 나
타난다.

정신분석가인 컨버그O. Kernberg는 DSM-5와 같은 범주 모델
이나 양적 차이에 근거한 차원 모델이 표면적인 행동에만 의
존하여 경험적인 연구를 하는 경향이 있다고 비판하였다. 그
에 의하면 표면적인 행동은 기저의 성격구조에 따라 매우 상
이한 기능을 수행할 수 있다. 그리고 때로 내담자들은 특정 증
상을 호소하면서 자신이 정상인지 비정상인지를 진단해달라
고 요구하는 경우가 있는데, 이러한 질병분류학적인 범주 모
델을 적용하면 특정한 누군가에 대해 질병이 있는 사람이라고

낙인을 찍게 될 위험도 있어 보인다. 상담이나 심리치료 장면에서는 그 사람이 정상인지 아닌지의 분류가 그리 중요하지 않으며, 내담자가 얼마나 삶의 진실에 맞닿아서 왜곡된 지각이나 평가 없이 있는 그대로의 현실을 제대로 살아가는가가 훨씬 중요하게 부각된다.

차원 모델의 예로는 최근 들어 각광받고 있는 5요인 이론이 있는데, 이 이론은 외향성, 순응성, 절제성, 정서적 안정성, 경험에 대한 개방성 등 다섯 개의 기본 차원으로 인간의 모든 성격을 기술할 수 있다고 주장한다. 하지만 실제로 임상장면에서 각 성격장애에 이 이론을 적용하는 것이 각 장애를 제대로 설명하는 것 같지는 않다.

인간의 전체적인 모습에 대한 가장 좋은 모델이 어떤 것인지에 대해서는 논란이 있을 수 있고, 적용하는 장면에 따라 적절한 모델을 선택하여 사용할 수 있겠지만, 심리치료와 같은 임상 실제에서는 표면적인 증상만을 기술하거나 다루기보다는 그 의미나 기능을 포함하는 보다 복합적이고 다차원적인 접근을 통해 한 인간의 심리 현상에 대한 이해와 실제적인 변화를 모색할 수 있을 것이다. ◆

4. 불안과 관련된 심리장애

불안장애는 DSM-III(1980)에서 주로 사용하기 시작한 진단 용어다. 그 이전까지는 불안신경증이라는 진단명을 사용하거나 불안이 위주인 모든 장애를 포함하는 심리신경증이라는 용어를 사용하였다. DSM-IV(1994)나 DSM-5(2013)와 같은 『정신장애의 진단 및 통계 편람』에서는 불안장애를 하위진단 유형별로 나누어 기술하고 있다.

불안장애에는 범불안장애 이외에도 특정공포증specific phobia, 공황장애panic disorder, 광장공포증agoraphobia, 사회불안장애, 분리불안장애separation anxiety disorder, 선택적 무언증selective mutism 등이 포함되며, 그 밖에 관련된 장애로는 실제로 건강에 큰 문제가 없음에도 자신의 몸에 심각한 질병이 있다는 생각에 집착하며 과도한 불안을 나타내는 경우로 건강염려증이라고 불리기도 하는 질병불안장애illness anxiety disorder, 불안을 유발하는 부적절한 강박사고에 집착하면서 불안을 완화시키기 위한 강박행동을 반복적으로 나타내는 강박장애obsessive-compulsive disorder, 충격적인 외상 사건이나 스트레스 사건을 경험한 이후에 부적응 증상을 나타내는 외상후 스트레스 장애 posttraumatic stress disorder 등이 있다. DSM-5에서 질병불안장애는 신체 증상 및 관련장애에 포함되었고, 강박장애는 강박 및 관련장애의 하위범주로, 외상후 스트레스 장애도 외상 및 스트레스 사건 관련장애의 하위범주로 불안장애 범주와는 따로 분류되었다.

〈특정공포증〉

특정공포증은 구체적인 대상이나 상황에 대해 지속적으로 뚜렷한 두려움을 보이는 것으로 동물이나 곤충을 두려워하는 동물형, 천둥이나 폭풍 등 자연환경을 두려워하는 자연환경형, 피를 보거나 주사를 맞거나 상처를 입는 등 신체적 상해나 고통을 두려워하는 혈액-주사-상처형, 비행기나 엘리베이터와 같은 폐쇄된 공간의 상황을 두려워하고 피하는 상황형 등이 있다. 종종 영화나 소설 등에서 엘리베이터나 비행기와 같은 폐쇄된 공간에 있지 못하는 폐소공포증이나 아파트의 높은 층에서는 살지 못하는 고소공포증과 같은 사례들을 다양하게 볼 수 있다.

〈공황장애와 광장공포증〉

공황장애는 예기치 못한 심한 공황발작을 반복적으로 경험하는 불안장애로, 공황발작 시에 죽거나 통제력을 상실하게 될까봐 두려워하며, 한번 공황발작이 나타나면 이후에 또 다른 공황발작이 일어날까봐 지속적으로 염려한다. 공황발작이 심한 사람은 자기를 도와줄 사람이 옆에 없을 경우에는 바깥 출입을 하지 못하는 등 생활에 상당한 제약을 받기도 한다.

광장공포증은 즉각적으로 피하기 어려운 장소나 상황에 처하는 것에 대한 두려움을 보이는 것으로 혼자 외출한다든지, 사람들 속에 있다든지, 다리를 건넌다든지, 여행을 하는 것에 대한 불안을 나타낸다. 광장공포증이 심한 경우에는 거의 모든 시간을 집에서 지낸다. 만약 외출을 하더라도 어머니나 친구를 데리고 다녀야 하는 사태가 생기기도 한다.

어떤 내담자는 지하철을 탈 때 통제력을 상실할 것에 대해 극심한 두려움을 느꼈고, 공황발작을 처음 경험한 후에 심한 불안감에 시달렸으며, 이후로는 친한 친구나 부모가 옆에 없으면 지하철을 타지 못하였다. 광장공포증이 있었던 한 학생은 너무나 불안했던 나머지 학교는 물론 바깥 출입을 전혀 하지 못하였으며, 심지어는 집에 있더라도 사람들이 의식되어 낮에 깨어 있다는 사실 자체가 불안하였고, 모두가 잠든 밤중이 되어야 안심을 하고 덜 불안해할 수 있었다.

이러한 불안 경험은 성장 과정에서의 독특한 외상 경험이라든가 자기상실의 두려움, 심리내적인 갈등 등과 관련될 수 있다. 이에 대한 보다 정확한 이해나 평가는 개별적인 심리치료 과정을 통해서 점차로 결집되어 드러나게 되며, 적절한 개입을 통해 치유할 수 있다. 하지만 성급하게 특정 증상과 관련지어 그러한 증상이 생기게 된 원인에 대한 이론적인 이해를 단순하게 접목시켜서 개입하거나 해석하는 경우를 종종 보게 되는데, 이러한 단순한 공식화는 매우 경계해야 한다.

〈사회불안장애〉

사회불안장애는 사회공포증이라고도 하며 사람들 앞에서 무언가를 하고자 할 때 심한 두려움을 경험하는 장애로, 주로 대인관계 상황이나 수행 상황에서 뚜렷하고도 지속적인 두려움을 보인다. 이들은 사람들이 자기를 어떻게 보는지에 매우 예민하며, 특히 자신의 수행에 대해 부정적인 평가와 관련된 단서를 포착하는 데 대단히 기민하다. 사회불안장애는 우리나라와 같이 경쟁이나 평가가 팽배한 사회에서는 매우 빈번하게 나타날 수 있는 장애로 보이는데, 실제로 심리장애가 있다고 진단되지는 않지만 이러한 경향성을 보이는 사람들을 다 포함한다면 상당히 많은 잠재층이 존재한다고 할 수 있을 것이다.

사회불안장애는 성격장애와도 관련이 많아 보이는데, 외현적인 특성으로는 회피성 성격장애와 가장 관련이 높다. 하지만 역동적인 측면에서 보자면 이들은 자기가 다른 사람에게 어떻게 보이는지에 대한 관심이 초점이 되어 있고, 자기 확신이나 자기가치감이 부족한 경우들도 많은 것 같다. 이런 경우에는 자기화된 규범이나 초자아가 적절히 내재화되지 않아 발생하는 자기애적인 문제와도 많은 관련을 맺고 있는 것으로 보인다. 자기애성 장애와 관련된 자기심리학은 뒤에서 기술할 것이다.

〈분리불안장애〉

분리불안장애는 주요 애착대상이나 집을 떠나야 할 때마다 심한 불안과 고통을 느끼는 정서 장애다. 분리불안을 보이는 아이는 어머니가 시장을 가거나 유치원에서 어머니와 떨어지게 될 때 극심한 불안과 공포를 나타낸다. 마가렛 말러(Margaret Mahler, 1975)는 아이가 어머니로부터 심리적으로 분리하여 진정한 개인으로 태어나는 분리-개별화 과정에 대한 발달 이론을 주장하였다.

〈선택적 무언증〉

선택적 무언증은 말을 할 수 있음에도 특정한 상황에서 지

속적으로 말을 하지 않는 장애로서 주로 아동에게서 나타난
다. 이러한 장애를 지닌 아동은 다른 상황에서는 말을 잘 하면
서도 말하는 것이 기대되는 사회적 상황예: 학교, 친척 또는 또래와의
만남에서는 지속적으로 말을 하지 않는다.

〈강박장애〉

강박장애는 강박사고나 강박행동이 주된 증상으로, 원치
않는 침투적인 사고나 강박적인 의례행위에 많은 시간을 소모
하거나 이에 과도하게 집착하여 일상생활에 상당한 지장을 초
래한다. 강박사고는 본인도 불합리하거나 얼토당토않은 줄
알지만 통제할 수 없는 어떤 생각이나 심상이 반복적이고 지
속적으로 떠오르는 것을 말한다. 강박행동은 의례적인 행동손
씻기, 정돈하기, 확인하기이나 정신적 활동기도하기, 숫자 세기 등을 몇 번
이고 되풀이하여 반복하는 억제할 수 없는 충동에 따른 행동
이다. 강박행동은 고통을 예방하거나 감소시키고 두려운 사
건이나 상황을 방지하거나 완화하려는 시도로 나타난다. 이
러한 강박장애는 원치 않는 침투적 사고나 반복적인 행위로
말미암아 상당한 심리적인 불편감을 경험하지만, 그 정도가
아주 심각하지 않고서는 치료를 받지 않으려는 경향이 있다.

어떤 내담자는 칼로 부모를 찌르는 공상이 자꾸 떠올라 괴
로워하였으며, 이를 통제하기 위해 칼날은 떡 쪽으로 향하게

하는 중화행동을 필사적으로 시도하였다. 그리고 자기 전에 커튼을 몇 번이나 여닫고 책상 위에 놓인 책들을 몇 번이나 올렸다 내렸다 하는 강박적인 의례행위를 하고 나서야 편안하게 잠을 잘 수가 있었다.

성이나 공격성, 오염과 관련된 장면은 누구에게나 가끔씩 떠오르는 것이지만 강박장애 내담자들은 이러한 장면이 자꾸 반복적으로 떠오르는 것에 대해 심한 죄책감이나 책임감을 과도하게 지각하는 경향이 있다.

〈외상후 스트레스 장애〉

외상후 스트레스 장애는 천재지변이나 교통사고, 폭행을 당하는 것처럼 분명한 외상적 경험을 한 후에 지속적으로 고통스러운 경험이 반복되는 장애다. 예를 들어, 월남전에서 부상을 입은 내담자나 대형 참사에서 살아남은 사람들은 사건 이후에 한참 시간이 지났는데도 지속적으로 사건과 관련된 침투적인 사고를 경험하거나 가위에 눌리는 등 심한 불안을 경험할 수 있다. 이들에게는 불안과 관련된 침투 사고의 재현과 억제가 반복적으로 순환되며, 불안 경험이 너무 극심하면 정서적 마비 현상까지 오기도 한다.

〈질병불안장애〉

　불안장애에 속하지는 않지만 뚜렷한 근거 없이 신체적으로 심각한 질병에 걸렸다고 지나치게 걱정하는 질병불안장애도 불안이 수반되는 심리장애다. 이들은 객관적인 의학적 평가로는 아무런 문제가 없음에도 암이나 에이즈와 같은 심각한 병에 걸렸을지도 모른다고 생각하고, 심한 경우에는 거의 망상에 가까운 신념을 가지고 있는 경우도 있다. 하지만 신체 증상 및 관련장애의 하위유형으로 분류되는 질병불안장애는 정신분열증이나 망상장애에서 보이는 신체형 망상에 비해서는 신념의 정도가 약하다. ◆

5. 범불안장애의 특징

 범불안장애 내담자들은 일상적인 삶 속에서 만성적이고 지속적으로 불안해하고 걱정하는 사람들로, 여러 가지 사건이나 활동에 대해 지나친 불안이나 걱정을 보인다. 불안 상황이 특정 상황이나 생활 전반에 너무나 만연해 있기 때문에 때로 이들이 느끼는 불안을 부동불안free-floating anxiety이라고 부르기도 한다. 이러한 불안은 땀이 나고, 얼굴이 붉어지며, 심장이 두근거리고, 손발이 차가운 등의 신체 증상, 근육의 긴장과 통증, 안절부절못함, 쉽게 피로해짐, 과민하여 쉽게 화를 냄, 주의집중 곤란, 수면장애 등의 증상을 동반한다.

 공황장애, 질병불안장애, 대인공포증과 같은 불안장애와 비교할 때 범불안장애의 중심이 되는 인지는 보다 모호하고 특정 주제와 밀접하게 관련되지 않은 경우가 많다. 이러한 장애를 가진 사람들은 일반적으로 자신을 무능력하다고 생각하고 다양한 상황을 위협적으로 평가한다.

범불안장애의 핵심적인 인지는 과도하고 통제가 불가능하다고 경험되는 반복적이고 지속적인 걱정이다. 범불안장애 내담자들은 위협이 되는 생각으로부터 주의를 분산하기 위해 개념적 언어활동인 걱정을 사용한다고 주장하는 사람도 있다.

이러한 방략을 사용할 때의 한 가지 문제는 정서적인 처리를 차단한다는 것인데, 원치 않는 사고나 이와 관련된 감정들을 적절히 감당하지 못하거나 조절하지 못할 때 다양한 정신병리 증상들이 발현하게 된다. 범불안장애 내담자들은 걱정을 통한 대처 방략을 사용하며, 걱정에 의해 불안이 감소되면 이러한 효과가 부적으로 강화된다.

이런 경우 보다 객관적이고 효율적인 평가나 대처방식이 존재함에도 제한적인 상황에서 나름대로 경직된 갈등해소 방식들을 사용하게 된다. 사람들이 걱정 자체가 실제 문제 상황에 대해서 효율적인 해결책이 되지 못함에도 걱정만 함으로써 불안이나 염려를 야기하는 상황에 대처하려는 경향성을 보이는 것이다.

〈웰스의 범불안장애 인지 모델〉

웰스A. Wells의 범불안장애 인지 모델에서는, 걱정이 대처 방략으로 사용될 뿐만 아니라 부정적으로 평가된다고 주장하였

다. 걱정에 대한 부정적인 신념이 생기면 걱정 자체가 문제가
되어 걱정에 대한 걱정이 발달하면서 걱정이 위험하고 통제가
불가능하다고 평가된다고 하였다. 그의 모델은 걱정을 1유형
걱정과 2유형 걱정으로 구분하였다.

1유형 걱정은 실제 외부 사건과 내부 사건에 대한 걱정이
며, 2유형 걱정은 걱정 그 자체에 대한 걱정, 즉 걱정이 발생
할 것에 대한 걱정이다. 걱정에 대한 부정적인 신념과 걱정은
원치 않는 사고들의 사고 통제 시도, 걱정 유발인의 회피 등과
연합된다. 그리하여 이러한 반응들을 통해 오히려 침투적인
생각들이 악순환되고, 역기능적인 신념을 찬찬히 따져보아
실제로 그러한지 아닌지를 살펴보는 기회가 박탈된다.

2유형 걱정 혹은 상위 걱정은 자신의 인지적인 사건에 대한
부정적인 평가, 특히 걱정의 발생과 관련된다. 여기에는 다음
과 같은 사고가 있다.

- 걱정은 나를 미치게 만들 것이다.
- 나는 걱정을 통제할 수 없다.
- 걱정하는 것은 이상한 것이다.
- 걱정은 나쁜 일을 일어나게 만들 수 있다.

웰스는 범불안장애로 진단받은 사람과 정상인의 경우 1유

형 걱정 내용에서는 차이가 없지만 2유형의 상위 걱정이 발달
하면서 문제가 되지 않는 걱정이 문제시된다고 보았다.

일단 부정적인 신념과 상위 걱정이 수립되면 사람들은 걱
정에 대해 평가된 부정적인 평가를 회피하려고 동기화되는데,
이것은 걱정의 억제나 회피에 의해 이루어진다. 하지만 걱정
을 전부 포기하는 것은 너무 위협적인 일이다. 걱정에는 긍정
적인 부분도 있기 때문이다.

- 걱정은 미래 문제를 대처하게 돕는다.
- 내가 만약 걱정하면 모든 일이 잘 될 것이다.
- 일어날 수 있는 모든 나쁜 일을 예상하면, 그것들을 방지
  하는 데 준비하게 될 것이다.
- 걱정은 내 일이 잘 끝나는 것을 도울 것이다.
- 걱정하지 않는 것은 나쁜 것이다.

결국 범불안장애 내담자들은 대처 방략으로서 걱정을 하게
되며, 이럴 경우 이것이 걱정 과정과 관련된 두려움을 활성화
시킨다.

이때 최선의 방략은 우선은 불안유발 상황을 피함으로써
걱정할 필요를 회피하는 것이다. 하지만 이러한 방략은 대부
분 걱정과 관련된 광범위한 잠재적 유발 인들 때문에 불가능

하다.

범불안장애 내담자들은 걱정할 필요를 방지하기 위해 미묘한 안전행동을 사용하거나, 만약 걱정을 하게 되면 걱정에 대해 부정적으로 평가된 결과를 예방하기 위해 의도적인 행동들을 한다. 이러한 안전행동에는 주위 사람들로부터 위안이나 안심을 받으려고 하거나, 다른 긍정적인 사건에 주의를 돌림으로써 주의를 분산시키거나, 특정 사고를 억제하는 것과 같은 사고 통제 방략을 사용하는 것 등이 있다.

걱정은 위협 검색과 관련되는데, 사람들은 자신의 걱정과 관련된 정보에 대해 증가된 경계성을 보인다. 어떤 경우 이것은 초기에 위협을 탐지하여 회피행동이나 안전행동을 하려는 계획적인 방략이다. 하지만 위협 검색은 또 하나의 자동적인 방략일 수 있다. 자동적인 검색은 위협의 탐지와 관련되는 자동적인 처리를 점화시키는 걱정에서부터 나오는데, 이러한 위협 관련 정보는 의식에 침투되기 쉽다.

웰스의 범불안장애 모델에서 2유형 걱정상위 걱정의 발달과 유지에 이르는 경로는 다양하며, 걱정의 위험한 결과에 대한 정보는 많은 원천에서 얻을 수 있다. 예를 들어, 이전에 걱정 경향이 있었던 사람은 어떤 순간에 스트레스가 건강에 나쁘다는 방송매체의 정보를 접하면서 다시 걱정에 대한 걱정이 유발될 수 있다.

사람들은 대체로 걱정하는 것은 나쁜 것이고 어떤 점에서는 비정상적이며 신경증적 성격과 관련된다고 이야기하는 경향이 있다. 일상적으로 걱정을 대처 방략으로 사용하는 사람들은 다른 사람들과 비교해봄으로써 걱정이 가능한 위협에 대처하는 방법이 아니라는 점을 발견할 수 있다.

반복되는 걱정은 이러한 결과를 방지하고 피하기 위한 걱정을 증식시키면서 원치 않는 결과를 예언하는 부정적인 정보에 대한 더 큰 접근 가능성을 제공한다. 그리하여 걱정은 보다 광범위해지고 다루기 어렵게 된다. 회피, 안전행동, 사고 통제 시도, 위협 검색은 침투적인 사고가 부화되고 위협이 더 쉽게 탐지되며 역기능적인 신념이 틀렸다는 것이 확인되지 않으면서 걱정을 유지시킨다.

마지막으로, 걱정으로 인한 파국을 생각하면서 연합된 불안이나 차단된 정서처리는 걱정과 관련된 불안 정동과 각성을 유지한다. 예를 들어, 불안의 인지적이고 신체적인 증상들, 그리고 차단된 정서처리 증상들은 통제 상실의 증거로 잘못 해석될 수 있고, 상위 걱정과 연결된다. 이러한 경로들을 통한 걱정의 촉발과 유지는 걱정에 휩싸인 채 모호한 걱정만 하면서 지내게 만든다. ◆

6. 걱정이란 무엇인가

일상생활에서 자주 쓰이는 용어인 걱정이 다른 유형의 사고나 생각과 어떻게 구분되는지를 살펴보자.

보르코벡Borkovec은 걱정이 주로 언어적이고 개념적인 활동이며 문제해결을 목표로 한다고 보았다. 또한 걱정은 부정적인 정동 내용을 가지는 사고들의 연쇄로 구성되고, 결과가 불확실한 미래 사건과 관련된다.

터너Turner는 걱정과 강박사고에는 몇 가지 차이가 있다고 결론지었다. 강박사고는 사고나 심상 혹은 충동으로 떠오를 수 있는 반면에, 걱정은 대개 사고로 떠오른다는 것이다. 그리고 걱정의 내용은 강박사고의 내용처럼 받아들이기 어려운 것으로 지각되지 않는다고 보았다.

1) 강박사고와 걱정

웰스Wells와 모리슨Morrison은 정상적인 걱정과 강박사고를 비교한 연구를 수행하였다. 이 연구에서는 피험자들이 기록한 걱정과 강박사고 일지를 여러 차원에서 평정하게 하였다. 그 결과 걱정은 강박사고보다 더욱 언어적인 내용을 가지며, 강박사고는 보다 심상적인 것으로 보고되었다. 또한 걱정은 강박사고보다 더 현실적이고 덜 자동적이었으며, 잊어버리기 어렵고 주의분산적이며 지속기간이 길었다.

2) 자동적 사고와 걱정

걱정과 강박사고의 구분 이외에도 인지행동적인 접근에서 자주 등장하는 자동적 사고와 걱정도 분명하게 구분하는 것이 유용하다. 자동적 사고는 빠르게 일어나고 자발적이며 언어적이거나 심상적인 단축형을 취한다. 이러한 자동적 사고는 걱정의 특징인 광범위하게 반추적인 평가와는 대조되며, 장애에 따라 사고의 내용이 다르다.

공황장애에서의 자동적 사고는 신체적이거나 심리적인 사건을 즉각적으로 신체적이거나 심리적인 파국의 신호로 잘못 해석하는 것과 관련된다. 사회불안장애에서의 부정적인 사봉

적 사고는 타인에 의해 부정적인 평가를 받는 것에 대한 공포
와 실제로 부정적인 자기평가와 관련된다. 이에 비해 범불안
장애에서 걱정의 내용은 다른 불안장애에서의 자동적 사고의
내용보다 다양하다. 그리고 보다 지속적으로 실행되는 걱정
은 보다 많은 주의 입력을 요구하는 반면에, 자동적 사고는 좀
더 반사적인 경향이 있다. 걱정의 시작은 비교적 자동적이지
만 걱정의 유지에는 지속적인 주의가 요구된다.

정상적인 걱정과 문제가 되는 걱정이 내용에서는 별다른
차이가 없다는 연구가 있다. 크라스케Craske는 자기검색 연구
를 통해 범불안장애 환자와 정상인의 걱정을 가족 · 집 · 대인
관계, 재정, 일 · 학교, 질병 · 손상 · 건강, 기타 등 다섯 개의
범주로 분류하였다.

그 결과 범불안장애 환자들은 질병, 손상, 건강에 대해 더
많이 걱정한 반면, 정상집단은 재정적인 걱정을 더 많이 하였
다. 하지만 이 두 집단에서 걱정은 불안감이나 싫은 정도에 있
어서 다르지 않았다. 다른 연구들에서도 만성적으로 걱정하
는 사람과 그렇지 않은 사람들 간에 걱정 내용이나 빈도에서
는 차이가 없었다.

많은 연구자는 문제가 되는 걱정의 중심 특징은 통제 불가
능성이라는 결론에 도달하였다. 발로우Barlow는 염려되는 관
심에 대한 주의의 협소화와 이러한 결과로 일어나는 불안의

위협에 대한 과잉경계가 사람들을 어떤 식으로든 효과적으로 차단하거나 통제할 수 없다는 강한 걱정으로 이끈다는 모델을 제시하였다.

이러한 협소화는 걱정과 합치되지 않는 정보를 처리하는 데 가용한 주의를 고갈시키거나 걱정으로부터 주의를 돌리는 것과 같은 조작들을 통제하는 데 필요한 주의를 약화시킨다. 여기에서 과잉경계는 외부의 위협에 대한 증가된 민감성이지만, 주의협소화는 걱정 사고에 제한된 초점을 두는 것이다. 위협이 탐지된 다음에는 주의협소화에 이어 과잉경계가 뒤따른다.

한편, 보르코벡은 걱정에 대해 이와는 다른 조망을 제공한다. 그는 걱정이 부정적인 정동과 밀접하게 관련되는 심상 과정 등 다른 유형의 사고에 대한 회피를 나타낸다고 주장한다. 범불안장애 환자들은 걱정을 인지적인 회피의 형태로 사용할 수 있다는 것이다.

이러한 조망에 따르면 걱정은 그 자체의 문제를 만들어내는데, 걱정은 부정적인 정서를 감소시키는 효과를 가지기 때문에 강화되기 쉽고 기억에서 공포 정보에 대한 충분한 접근을 막음으로써 정서적인 처리를 막을 수 있다. 이런 식으로 즉각적으로 불안을 감소시키거나 통제하는 걱정의 특성은 부적으로 강화되면서 행동을 통한 통제를 하지 못하게 하고, 차단된 정서처리를 통해 오랫동안 불안을 유지시킬 것이다.

보르코벡은 걱정의 정서억제 효과를 지지하는 증거를 제시하였다. 그의 연구에서 공포 장면을 상상하기 직전에 걱정하게 한 피험자는 중성적이거나 이완된 사고를 하도록 지시받은 피험자에 비해 유의미하게 감소된 심장박동 비율을 보였다. 하지만 걱정집단은 중성집단보다 심상에 대해 유의미하게 큰 주관적인 공포를 보고하였다. 그러므로 걱정은 자기악화 효과를 가지거나 다른 유형의 침투 사고를 증가시키는 것이 가능하다.

걱정이 정서처리를 차단할 수 있다는 보르코벡의 주장에 따라 버틀러Butler는 스트레스 자극에 노출된 뒤의 걱정의 효과에 관한 연구를 수행하였다. 연구에서 세 집단의 학생들은 끔찍한 집회 사건에 관한 짧은 무성영화를 보았다. 그런 다음 피험자들에게 영화 속의 사건에 대해 언어적인 형태로 걱정하게 하거나, 영화 사건을 상상하게 하거나, 이후에 몇 분 동안 안정하도록 요구했다. 피험자들은 다음 며칠 동안 경험한 영화에 관한 침투적인 심상의 수를 일지에 적었다.

그 결과 대부분의 침투는 영화를 본 지 3일 이내에 일어났음을 알 수 있었다. 이 시기 동안 언어적으로 걱정한 피험자들은 상상한 집단이나 통제집단보다 더 많은 침투를 보고하였다. 이렇게 볼 때 걱정하는 경향이 있는 사람들은 분명히 침투적인 사고 빈도의 증가와 함께 의식의 흐름을 오염시키는 활동에 참여하기가 쉽다는 것을 알 수 있다.

걱정을 하면 오히려 원치 않는 생각들이 침투적으로 발생한다는 것과 관련하여, 사고 억제에 대한 일련의 실험 연구들이 있다. 원치 않는 사고는 범불안장애, 강박장애, 외상후 스트레스 장애와 같은 불안장애에서 볼 수 있는데, 정상 피험자들에게도 특정 사고를 생각하지 않도록 시도하게 했을 때 의도와는 반대되는 역설적인 효과가 나타났다.

웨그너Wegner는 연구에서 피험자들에게 사고를 억제하도록 요구한 다음에 표현하게 하였다. 그 결과 피험자들은 그냥 표현하게 한 피험자들보다 관련된 생각을 더 많이 보고하였다. 웬즈라프Wenzlaff는 우울증에서 사고 억제의 반동 효과를 검증하였다. 그 결과 우울 성향이 높은 대학생들은 초기에는 부정적인 재료들을 억압하는 데 성공적이었지만, 결국에는 원치 않는 부정적인 사고가 재현되었다.

이러한 역설적인 억제 효과는 자연적으로 일어나는 침투적 사고들에서도 검증되었다. 결국 불편하고 원치 않는 사고들을 억제하려고 시도할수록 역설적인 반동 효과가 생겨 의도와는 반대되는 현상들이 나타난다고 볼 수 있다.이와 관련된 자세한 내용은 후반부에서 다시 다룰 것이다.

원치 않는 사고를 통제하는 데에는 이와 같은 사고 억제 방략 이외에도 다양한 방법이 있을 수 있다. 이런 맥락에서 웰스

Wells와 데이비스Davies는 불쾌하고 원치 않는 사고를 통제하는 데 사용된 방략들을 알아보는 사고 통제 질문지를 개발하였다. 이들은 사고 통제 방략과 정신병리 증상 간에는 상관관계가 있음을 발견하였는데, 정서적 취약성과 관련된 질문지들은 주로 걱정 및 처벌 방략의 사용과 정적으로 상관되었다. 이렇게 사고와 걱정을 통제하려는 시도는 의도와는 반대로 침투적인 생각을 증가시킬 수 있고 다양한 정신병리와 관련될 수 있다.

범불안장애 내담자들은 특히 걱정을 처리 방략으로 사용하고 사고를 통제하려고 시도하는 경향이 있는데, 여러 연구를 볼 때 이러한 시도들은 오히려 통제가 불가능하다는 지각을 증가시킬 것이다. 즉, 걱정의 통제 불가능성과 관련된 기제로, 걱정을 처리 방략이나 대처행동으로 사용하는 것과 사고를 억제하려는 시도를 들 수 있다. 하지만 이러한 통제 방략들이 어떻게 걱정 사고와 관련하여 걱정이 증폭되거나 통제 불가능성을 경험하게 되는지에 대한 체계적인 연구는 부족하다.

웰스가 이야기하는 상위 걱정은 걱정에 관한 걱정을 하는 것이며, 사고가 통제 불가능하고 침투적이라고 부정적으로 평가하는 것이다. 상위 걱정은 걱정의 중요한 차원이 될 수 있는데, 범불안장애 내담자들은 걱정을, 통제 불가능하고 혼란되며 통제 시도에 의해 잘 감소되지 않는다고 평가하는 경향이 있다는 점에서 불안하지 않은 사람들의 걱정과 구분된다.

범불안장애 내담자들은 걱정에 관한 긍정적인 신념과 부정적인 신념이 동시에 존재하는 인지적인 부조화 상태에 있다. 일단 걱정에 관한 부정적인 신념이 발달하면 걱정을 부정적인 방식으로 평가하게 되고 상위 걱정 걱정을 통제하려는 시도를 하게 된다. 그러므로 상위 걱정이 발달하면서 문제가 되지 않는 걱정이 문제시된다고 할 수 있다. 일단 부정적인 신념과 상위 걱정이 수립되면 사람들은 걱정에 대해 평가된 부정적인 결과를 회피하려고 한다. 이것은 걱정의 억제나 회피에 의해 이루어진다. 하지만 걱정을 전부 포기하는 것은 긍정적인 걱정의 신념과 괴리가 생기기 때문에 너무 위협적이다.

결국 범불안장애 내담자들은 걱정을 통해 대처하게 되며, 이럴 경우 걱정과 관련된 두려움이 활성화된다. 최선의 방략은 불안 유발 상황을 회피함으로써 걱정할 필요를 회피하는 시도다. 하지만 광범위한 잠재적 유발요인들 때문에 이것은 가능하지 않고, 걱정할 필요를 방지하기 위해 안전행동을 하거나, 부정적으로 평가된 결과를 예방하기 위한 행동들을 하게 된다. ◈

7. 범불안장애의 평가

정신병리나 증상들을 평가하는 방법은 여러 가지가 있다. 임상가의 면접이나 행동평가 등을 통해서도 알아볼 수 있지만, 간단하게는 주관적인 자기보고를 통해 어떤 증상들을 얼마나 경험하는지에 대한 대략적인 평가를 할 수도 있을 것이다.

범불안장애의 증상을 평가하는 주관적인 자기보고 척도로는 범불안장애 척도Generalized Anxiety Disorder Scale: GADS와 범불안장애 질문지Generalized Anxiety Disorder Questionnaire: GADQ 등이 있다. 그 밖에도 걱정을 평가하는 척도인 펜스테이트 걱정 질문지Penn State Worry Questionnaire: PSWQ, 걱정영역 질문지Worry Domains Questionnaire: WDQ, 불안사고 목록Anxious Thoughts Inventory: AnTI, 상위인지 질문지Meta-Cognitions Questionnaire: MCQ) 등이 있다.

범불안장애 척도GADS는 범불안장애의 유지에 중요하다고 고려된 불편감, 긍정적/부정적 신념, 행동, 통제 방략을 측정하는 다요인 평정척도다. 펜스테이트 걱정 질문지PSWQ는 걱정 경향에 대해 일반적인 측정을 하는 것으로 범불안장애 경향을 가진 사람을 측정하고 연구하는 데 많이 이용되고 있다. 걱정영역 질문지WDQ는 관계, 확신의 부족, 목표 없는 미래, 일 그리고 재정에 관한 걱정 등 다섯 개의 내용 차원으로 이루어져 있다. 불안사고목록AnTI은 걱정 내용에 부가하여 걱정에 특징적인 과정을 평가하는 중다차원적인 측정으로 사회적 걱정, 건강 걱정, 상위 걱정을 측정하는 세 개의 하위척도로 구성된다.

 범불안장애 척도 (GADS)

1. 지난주에 당신은 걱정 때문에 얼마나 불편했나요?

2. 지난주에 당신은 걱정을 통제하려고 얼마나 노력하였습니까?

3. 지난주에 당신은 걱정에 대처하기 위해 얼마나 자주 다음의 것들을 해보았습니까? (해당되는 번호를 쓰시오.)

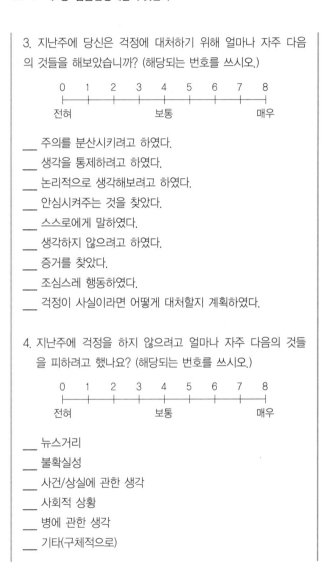

```
0   1   2   3   4   5   6   7   8
├───┼───┼───┼───┼───┼───┼───┼───┤
전혀            보통            매우
```

___ 주의를 분산시키려고 하였다.
___ 생각을 통제하려고 하였다.
___ 논리적으로 생각해보려고 하였다.
___ 안심시켜주는 것을 찾았다.
___ 스스로에게 말하였다.
___ 생각하지 않으려고 하였다.
___ 증거를 찾았다.
___ 조심스레 행동하였다.
___ 걱정이 사실이라면 어떻게 대처할지 계획하였다.

4. 지난주에 걱정을 하지 않으려고 얼마나 자주 다음의 것들을 피하려고 했나요? (해당되는 번호를 쓰시오.)

```
0   1   2   3   4   5   6   7   8
├───┼───┼───┼───┼───┼───┼───┼───┤
전혀            보통            매우
```

___ 뉴스거리
___ 불확실성
___ 사건/상실에 관한 생각
___ 사회적 상황
___ 병에 관한 생각
___ 기타(구체적으로)

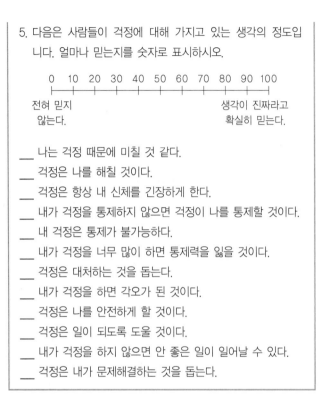

5. 다음은 사람들이 걱정에 대해 가지고 있는 생각의 정도입니다. 얼마나 믿는지를 숫자로 표시하시오.

```
0   10  20  30  40  50  60  70  80  90  100
├───┼───┼───┼───┼───┼───┼───┼───┼───┼───┤
```
전혀 믿지   생각이 진짜라고
않는다.   확실히 믿는다.

__ 나는 걱정 때문에 미칠 것 같다.
__ 걱정은 나를 해칠 것이다.
__ 걱정은 항상 내 신체를 긴장하게 한다.
__ 내가 걱정을 통제하지 않으면 걱정이 나를 통제할 것이다.
__ 내 걱정은 통제가 불가능하다.
__ 내가 걱정을 너무 많이 하면 통제력을 잃을 것이다.
__ 걱정은 대처하는 것을 돕는다.
__ 내가 걱정을 하면 각오가 된 것이다.
__ 걱정은 나를 안전하게 할 것이다.
__ 걱정은 일이 되도록 도울 것이다.
__ 내가 걱정을 하지 않으면 안 좋은 일이 일어날 수 있다.
__ 걱정은 내가 문제해결하는 것을 돕는다.

그 밖에 일반적인 불안을 측정하는 상태-특성 불안 질문지 State & Trait Anxiety Inventory: STAI, 벡의 불안 질문지Beck Anxiety Inventory: BAI 등도 자신의 불안 정도를 알아보는 좋은 도구가 될 것이다.

여기에 제시된 범불안장애 척도와 펜스데이트 거정 질문

지, 불안사고 목록을 이용하여 대학생들을 대상으로 수행된 한 연구(이용승, 원호택, 1999)에서 펜스테이트 걱정 질문지는 평균 49점 정도를 보였다. 채점 시에 거꾸로 채점되는 항목들 1번, 3번, 8번, 10번, 11번도 있으므로 이에 유의하면 자신의 상대적인 걱정 정도를 간단히 알아볼 수 있을 것이다.

이상에서 범불안장애의 걱정의 정도를 알아볼 수 있는 몇 가지 자기보고 질문지들을 알아보았다. 수백 명의 자료들을 통한 평균 점수가 제시되었으므로 대략 자신의 점수가 어디에 분포하는지 알 수 있겠지만, 자의적인 해석은 금물이다. 보다 관심이 있다면 전문가를 찾아가서 정확한 평가와 해석을 받아 보아야 할 것이다.

불안과 관련된 다양한 자기보고 측정치 이외에도 심리학 연구에서 불안을 측정하는 방법에는 여러 가지가 있다. 불안에 대한 언어적인 보고를 얻기 어렵거나 신뢰하지 못할 때에는 심리생리적인 측정을 할 수 있다. 특히 피부전도활동과 심장박동률과 같은 생리 측정치들은 자율신경계의 교감신경의 흥분과 관련하여 선호되는 방법이다.

불안이 행동으로 나타날 때는 표정이 굳어진다든가 안절부절못하고 초조해하는 행동 등으로 나타날 수 있고, 불안을 일으키는 상황을 회피하는 행동으로 나타나기도 한다. 그러므로 생리적인 측정치 이외에도 불안 행동을 측정하기 위한 행

🔑 펜스테이트 걱정 질문지 (PSWQ)

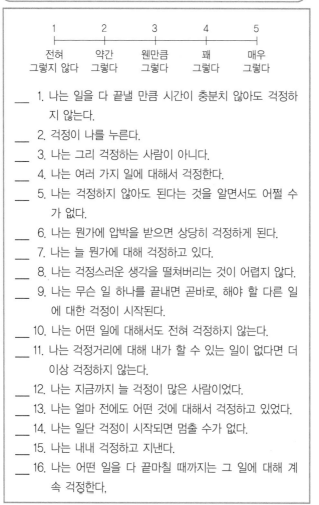

```
1        2        3        4        5
├────────┼────────┼────────┼────────┤
전혀     약간     웬만큼     꽤      매우
그렇지 않다 그렇다   그렇다   그렇다   그렇다
```

__ 1. 나는 일을 다 끝낼 만큼 시간이 충분치 않아도 걱정하지 않는다.

__ 2. 걱정이 나를 누른다.

__ 3. 나는 그리 걱정하는 사람이 아니다.

__ 4. 나는 여러 가지 일에 대해서 걱정한다.

__ 5. 나는 걱정하지 않아도 된다는 것을 알면서도 어쩔 수가 없다.

__ 6. 나는 뭔가에 압박을 받으면 상당히 걱정하게 된다.

__ 7. 나는 늘 뭔가에 대해 걱정하고 있다.

__ 8. 나는 걱정스러운 생각을 떨쳐버리는 것이 어렵지 않다.

__ 9. 나는 무슨 일 하나를 끝내면 곧바로, 해야 할 다른 일에 대한 걱정이 시작된다.

__ 10. 나는 어떤 일에 대해서도 전혀 걱정하지 않는다.

__ 11. 나는 걱정거리에 대해 내가 할 수 있는 일이 없다면 더 이상 걱정하지 않는다.

__ 12. 나는 지금까지 늘 걱정이 많은 사람이었다.

__ 13. 나는 얼마 전에도 어떤 것에 대해서 걱정하고 있었다.

__ 14. 나는 일단 걱정이 시작되면 멈출 수가 없다.

__ 15. 나는 내내 걱정하고 지낸다.

__ 16. 나는 어떤 일을 다 끝마칠 때까지는 그 일에 대해 계속 걱정한다.

출처: 김정원, 민병배(1998).

동 검사들을 사용할 수 있다. 그 밖에 관찰이나 면접 기법 등을 사용하여 평가할 수도 있다. 현재에도 이러한 객관적이고도 체계적인 평가들을 통해 우울이나 불안과 같은 정신병리 현상들에 대한 과학적인 연구들이 많이 수행되고 있다. ◆

불안장애는
왜 생기는가

2

1. 생물학적 이론

불안과 같은 정서반응은 주로 자율신경계의 교감신경과 관련된다. 불안은 임박한 위험에 대한 신호로 교감신경의 흥분을 일으키는데, 이는 위험이나 위협에 직면해서 싸울 것인지 아니면 도피할 것인지를 유기체가 준비하도록 한다.

불안할 때 일어나는 교감신경의 반응들은 다음과 같다. 우선 심장박동이 빨라지고 혈압이 높아진다. 피의 흐름이 말초기관에서는 감소하여 장기의 혈관이나 사지의 혈관이 수축한다. 이런 반응으로 우리는 손발이 차거나 오싹함을 느끼기도 하고, 위가 거북하게 느껴진다. 대신 뇌나 근육에는 피가 많이 흐르게 되어 신속하게 판단하고 대응할 수 있도록 준비된다. 성적인 흥분은 억제되고, 호흡이 가빠지며, 피부전도반응으로 손바닥에서 땀이 나기도 한다. 내분비선에도 다양한 변화가 일어나 싸움이나 도피를 위한 성계 태세를 갖추도록 혈당

을 높이고 교감신경을 자극하는 아드레날린과 노르아드레날
린 등의 내분비 물질을 방출한다. 이외에도 근육 긴장이 증가
한다. 특히 목과 어깨 부위의 긴장이 일어난다.

현대의 신경생물학자들은 청반locus coeruleus이 불안의 생물
학적 장소임을 밝혀냈다. 중추신경계로부터의 모든 신경경로
는 이 핵으로 들어가고, 여기서 나오는 신경경로가 불안에 관
여하는 모든 중요한 생리학적 체계로 진행한다. 청반은 가바
GABA, gamma-aminobutric acid에 의해 활성화되는 억제신경을 활성
화시키거나 비활성화시킴으로써 유기체의 불안수준을 조절
한다. 벤조디아제핀계 약물들은 청반에서 억제신경을 활성화
함으로써 작용한다.

생물학적으로 불안과 관련된 신경전달물질은 가바 이외에
도 노르에피네프린과 세로토닌이 있다. 노르에피네프린은 대
뇌피질과 변연계, 뇌간, 척수로 연결되는 경로로 작용하는데,
이 체계를 자극하면 불안이 발생하고 억제하면 불안이 감소
된다. ❖

2. 심리학적 이론

1) 정신분석적 입장

정신분석적 입장에서 불안은 거의 모든 심리장애와 관련된다고 할 수 있다. 이러한 불안은 공황장애에서처럼 급성적이고 꽤 강할 수도 있고, 범불안장애처럼 만성적이고 보통 정도이거나, 혹은 회피될 수 있는 구체적인 대상이나 상황과 관련된 공포장애에서처럼 상당한 시간 동안 외현적인 불안이 없을 수도 있다.

급성적이고 강렬한 형태의 불안은 통제가 불가능한 두려움이나 공포에 의해 압도되는 느낌을 받는데, 프로이트는 이러한 불안을 외상 불안이라고 하였다. 외상 불안에 처한 사람은 실제로 생존이 위태롭다고 느끼며 통제의 상실과 미치거나 죽을 것 같은 공포를 가속시키는 다양한 신체적인 증상을 수반한다.

보다 약한 형태의 불안은 외상 불안의 잠재적인 시작 신호라고 볼 수 있다. 자아 정동으로 간주되는 이러한 신호는 불안을 감소시키기 위해 자동적으로 방어들을 일으킨다.

불안은 공포와는 달리 현실적이고 외적인 위험에 대한 반응이 아니다. 불안에서 위험의 본질은 심리내적인 것으로, 특히 위험하다고 가정된 무의식적인 소망과 관련된다. 고전적인 정신분석에서는 심리성적인 발달의 상이한 단계와 관련된 전형적인 위험 상황을 제시했다. 여기에는 대상의 상실에 대한 불안, 대상으로부터의 애정 상실에 대한 불안, 남자의 거세 불안, 초자아 불안이나 죄책감 등이 있다.

프로이트는 삼원구조 모델[1]을 제안하여 이를 통해 다양한

---

1 프로이트의 삼원구조 모델은 원초아, 초자아, 자아로 구성된다. 사람은 태어나면서부터 생물학적 기초를 갖는 욕구나 추동에 의해 지배된다. 이러한 원초아 추동이 생겨날 때에는 즉각적으로 만족을 추구하고 고통은 회피하려고 하는데, 이를 쾌 원리라고 한다.

즉각적으로 만족을 얻으려는 원초아 욕구는 쾌 원리를 통해 발현하지만, 현실적으로는 항상 이렇게 될 수가 없다. 이런 상황에서 환경적 여건과 원초아적 추동 사이를 중재하여 추동 만족을 지연하게 하는 자아가 발달하게 된다. 프로이트는 이렇게 원초아적인 욕구의 만족이 지연되기도 하고 좌절되기도 하는 과정에서 자아가 형성되는 것으로 보았다. 이러한 자아는 현실 원리를 따른다.

한편, 아이는 성장하면서 부모의 금지와 칭찬을 경험하면서 자라는데, 이런 경험이 반복되면 아이는 부모의 칭찬과 처벌에 일정한 규

신경증을 이해하려는 시도를 하였다. 불안은 원초아$_{Es, id}$에서 기인하는 무의식적인 성적 혹은 공격적인 추동$_{Trieb, drive}$[2]과 이에 상응하여 초자아$_{Ueber-Ich, superego}$에서 기인하는 처벌의 위협 사이에서 발생하는 심리적인 갈등의 결과로 생각되었다. 즉, 불안은 위험에 대한 신호로 이해된다. 자아$_{Ich, ego}$는 이러한 신호에 대한 반응으로 받아들이기 어려운 느낌이나 생각이 의식에서 자각되지 못하도록 하기 위하여 다양한 방어기제[3]

칙이 있음을 알게 되고 이를 내재화하게 된다. 이러한 초자아는 도덕적 양심과 자아 이상으로 구성된다.

2 정신분석적 입장에서는 (논란의 여지가 있지만) 성적 추동과 공격적 추동을 인간의 기본적인 추동으로 본다. 프로이트는 추동(Trieb, drive)이라는 말을 썼는데, 이것이 영어로 번역되는 과정에서 본능(instinct)으로 번역되어 오해의 소지가 많이 생겼다. 프로이트는 본능이라는 개념은 동물들에게만 적용하였다.

3 자아는 불안신호에 접하면 방어기제를 동원하여 무의식에 억압해 놓으려는 시도를 한다. 중요한 방어기제에는 다음과 같은 것이 있다.

- 억압: 불편감, 불안, 고통을 일으키는 과거 경험, 소망, 갈등의 존재를 무의식적으로 부인하는 것
- 부인: 외부의 위협이나 외상적 사건의 존재를 부인하는 것
- 반동형성: 무의식적인 추동과는 정반대로 표현하는 것
- 투사: 실제로는 자신이 경험하는 추동을 타인이 그러하다고 귀인하는 것
- 합리화: 자신의 행동을 보다 수용할 수 있고 덜 위협적인 것으로 재해석하는 것
- 대치: 위협적이지 않거나 이용 가능한 대상으로 초점을 옮기거나

를 동원한다. 신호 불안이 자아의 방어적인 자원들을 적절하게 활성화시키지 못하면 보다 강렬한 지속적인 불안이나 또 다른 신경증적인 증상이 초래된다.

신호 불안의 존재는 외상적인 상황과 불안 감소 경험에 관한 기억에 근거한 예기 능력을 가정한다. 또한 이것은 어떤 추동 소망이 위험하다는 판단에 근거한다. 이 소망들은 실제 혹은 환상에서 비난과 처벌로 이끌기 때문이다. 이러한 판단은 내재화되어서 심리내적인 갈등예: 원초아와 초자아 간 갈등을 만들어 낸다. 자아는 원초아로부터의 추동이 의식에 접근하는 것을 막고 추동과 자아가 연관되는 것을 억압을 통하여 분리시킨다. 증상은 금지된 소망과 이러한 소망이 자각되고 표현되는 것을 방어하려는 시도에서 표현된다.

불안에 대한 민감성, 불안을 감내하는 능력, 불안에 방어하는 방식에는 사람마다 차이가 있다. 똑같은 불안 상황에 처하더라도 어떤 사람은 잘 버티어낸다. 심지어는 존재론적으로 위협적인 극한 상황에 처하더라도 이에 굴하지 않고 삶의 의미를 발견하고 인간으로서의 품위를 지켜나가는 사람들도

바꾸어버리는 것
- 주지화: 자신의 감정을 차단하고 인지적으로만 위협적인 상황을 보려고 하는 것
- 승화: 추동 에너지를 사회적으로 바람직한 행동으로 바꾸어 표현하는 것

있다.

전통적인 프로이트 이론에서 모든 증상과 방어적인 행동 억압, 부인, 투사, 고립화와 같은 방어기제, 관계를 잘 맺지 못하는 것, 특정 상황이나 생각을 회피하는 행동 등은 이러한 불안에 근거한다고 보았다. 이러한 방어적인 작동이나 증상 발현의 차이에 따라 강박사고, 강박행동, 히스테리적인 마비, 공포증 등의 다양한 형태의 심리 신경증으로 나타날 수 있다. 그러므로 증상은 일종의 타협 형성인 것이다.

방어적인 행동뿐만 아니라 성격 양상과 자아 억제의 발달, 관심, 가치 등이 모두 불안에 대처하는 방식의 표현이라고 할 수 있으며, 감내할 만한 불안수준에서 추동 만족을 달성하는 타협 형성으로 간주될 수 있다. 이러한 공식화에서 불안은 모든 행동에서 중심적이고 조절적인 역할을 한다. 증상 신경증과 성격 신경증의 구분은 정도의 문제라고 할 수 있을 것이다. 증상 행동 수준과 성격 양상 표현에서의 강도 및 만연한 정도의 차이는, 갈등적인 소망을 만족시키려는 노력과 그 만족을 못하게 방어하는 노력 간 역동적 균형에서의 변화를 반영한다. 그리고 인격의 성장, 성공적인 적응, 창조성, 현실 검증에는 불안을 감내하고 버티는 능력이 요구된다.

심리 증상들은 성적이고 공격적인 추동 만족과 관련된 위험을 느끼는 것과 관련된다. 어떤 사람은 그러한 만족이 파국적인 결과들을 야기한다고 판단한다. 광장공포증이 증상의 주요한 부분일 때 추동 만족과 관련된 불안은 집을 떠나는 것에 대체되고 투사되어서 집에 있는 것이 공황발작이 일어나는 것을 회피하게 해준다. 불안 증상들은 무의식적인 소망들이 자각되고 활동하는 것을 막는 억압과 방어의 실패를 가리키며, 기저의 갈등을 자각하는 것에 대한 제2선의 방어다.

프로이트의 공식화 이후로 불안에 관한 다양한 정신분석적인 이론들이 있어 왔다. 이러한 이론들은 성격 발달과 정신병리를 설명하는 데 있어서 불안이 중심적이었고, 불안을 유발하는 것으로서 갈등이 되는 추동 소망을 프로이트만큼 강조하지는 않았다. 프로이트 이후로 자아심리학ego psychology,[4] 대상관계 이론object-relations theory, 자기심리학self psychology[5] 등은 불

---

4 자아심리학(Ego Psychology)적인 측면은 프로이트 당시부터 점차적으로 발전해왔다. 현재의 자아심리학은 하르트만(Hartmann)이 '자아심리학과 적응문제'를 발표하면서 시작되었다고 볼 수 있다(윤순임, 1995). 그는 갈등과 무관한 차원이 자아에 있음을 밝히고, 이것이 이차적으로 갈등화될 수 있다고 보았다. 그는 생득적이고 생물학적인 자아자율성을 주장함으로써 새로운 발달 이론의 발전에 기여하였다. 자아 기능에는 현실검증, 판단, 현실감, 추동 충동 및 정동의 조절과 통제, 대상관계, 사고, 적응적 퇴행, 방어, 자극차단기제, 자율 기능, 종합적이고 통합적인 기능, 과제 성취 및 문제 극복 역량 등이 있다(Bellak & Meyers).

5 대상관계 이론이 자기표상과 대상표상들 사이의 내재화된 관계를

안 증상을 억압된 추동 갈등보다는 분리-개별화separation-individuation 같은 발달적인 도전Mahler, Pine, & Bergman, 타인과의 실제적이고 내재화된 대상관계, 자기 응집감과 관련된 갈등 등으로 보았다. 특히 코헛Kohut은 성격 기능에서의 상위 요인으로 자기self를 가장 중요하게 보았으며, 강한 불안의 주된 원천이 추동 만족의 두려운 결과가 아니라 자기 응집성 cohesiveness의 파편화fragmentation나 상실에 대한 두려움이라고 보았다.

그 밖에 광장공포증을 무의식적인 성적 환상의 표현으로 해석하는 고전적 정신분석적인 입장은 이제 불안장애의 중심 요소가 분리 불안 혹은 자기응집성과 관련된 불안이라는 개념화로 수정되기도 하였다. 자아심리학에서도 성적인 환상을 덜 강조한다. 현대의 정신분석 입장의 임상가들은 추동 이론, 자아심리학, 대상관계 이론, 자기심리학 모두 내담자를 이해하는 데 유용하고 잠재적인 지침이라고 여겼다. 어떤 조망이 불안장애의 임상적인 이해와 해석에 더 강조가 두어지는지는

강조하는 반면에, 자기심리학은 외부관계가 자존감과 자기응집감을 유지하기 위해 어떻게 돕는지를 강조한다. 자기심리학은 코헛에서 비롯되었는데, 주로 자기애성 성격장애 내담자들을 치료하고 연구하는 과정에서 나온 이론이다. 이 유형의 내담자들은 주위 사람들의 사소한 자극이나 평가에도 지나치게 예민하고 상처받기 쉬운 취약한 자존감을 보이는 것이 특징이다.

치료자가 선호하는 이론적인 입장과 내담자의 상태나 특징에
달려 있다.

최근 들어 정신분석과 신경과학 사이의 학제간 연구가 활
발히 진행되고 있다. 무의식의 존재에 대한 신경과학적 연구
결과도 계속해서 축적되고 있는데, 여기에는 분리된 뇌 연구,
암묵적 기억 연구, 작화적 설명에 관한 연구들이 있다. 신경정
신분석학에서는 인간의 동기 체계에 대한 신경과학적 설명도
다양하게 제시되었는데, 현대의 신경과학은 포유류에 있어
적어도 네 가지 본능 기제를 확인하였다.

우선은, 추구 체계SEEKING system다. 이 체계는 보상, 원하기
혹은 호기심-흥미-기대 체계로 알려졌으며, 이 체계의 하위
요소로 쾌-갈망 체계가 있다. 두 번째는 분노-격노 체계
ANGER-RAGE system인데, 이 체계는 '뜨거운' (화난) 공격성을 지
배한다. 하지만 추구 체계가 통제하는 '차가운' (포식) 공격성
은 여기에 포함되지 않는다. 세 번째는 두려움-불안 체계FEAR-
ANXIETY system로, 이 체계는 극심한 두려움이나 불안과 관련되
고 도주flight 반응을 만들어낸다. 네 번째는 공황 체계PANIC
system인데, 이것은 분리-불편감 체계로 알려졌다. 이것은 모
성적 유대와 어머니-유아 애착을 지배하는 것 같은 좀 더 복
잡한 사회적 본능과 밀접하게 관련된다. 네 가지 동기 체계 중
에서 세 번째와 네 번째 체계는 불안 반응과도 매우 관련이 높

은 것으로 보인다.

이러한 분류와 프로이트의 추동 이론 간에는 차이가 있지만, 이 중에서 추구 체계는 프로이트의 넓은 의미에서의 리비도 추동과 상당한 유사성을 가지고 있다. 추구 체계의 신경전달물질은 주로 도파민으로, 이 부분이 과도하게 활성화되면 조증과 환각을 유발하는 것으로 알려졌다. 그러므로 추구 체계의 과잉활성화는 현실적인 한계를 넘어 비현실적인 환상의 세계로 우리를 내몰 수 있을 것이다.

맥린MacLean은 인간의 뇌가 진화 과정에서 세 가지 기본 패턴을 따라 위계적으로 확장되어왔다고 주장하였다. 가장 기본적으로는 뇌간brainstem과 소뇌cerebellum로 구성되는 원시 뇌reptilian brain다. 두 번째로 포유류가 나타나면서 변연계limbic system가 발달하는데, 시상과 편도핵, 해마, 시상하부 등이 포함된다. 마지막으로 언어의 발달과 함께 진화하면서 세 번째 뇌인 대뇌 피질로 광범위하게 확장되었다.

셰퍼드Shepherd는 심리치료 과정에서 내담자가 보이는 끈질기게 반복하는 행동 패턴이나 변화가 어려운 것은 이러한 원시 뇌와 관련될 수 있다고 보았다. 아래쪽에 위치한 뇌로부터 올라오는 신경 연결은 피질에서 내려가는 연결보다 훨씬 더 강하다고 알려졌다. 강렬한 감정이 지배할 때 제대로 생각하기가 힘들고, 이성을 통해 감성을 변화시키는 것이 어려운 것이 바로 이러한 이유 때문이라는 것이다. 이러한 측면들을 고려해보면 정신분석 심리치료는 진화 프로젝트를 되풀이해서 반복하는 것으로 볼 수 있는데, 즉 하위의 뇌가 유지하고 있는 반복적이고 상동적인 행동으로부터 자유롭게 해줄 수 있는 피질의 지성을 가능한 한 충분히 개인에게 제공하는 것이다.

2) 인지행동적 입장

많은 불안한 상태의 내담자는 객관적으로 어떤 명백한 위험이 없는데도 불안을 느끼는 듯 보이기 때문에, 불안한 상태는 때로 부동 불안이나 원인을 알 수 없는 불안의 예로 기술되었다. 그러나 인지행동적인 입장에서도 부동 불안의 개념은 관찰자의 입장에 근거한 것일 뿐 불안한 개인 자신의 관점에서는 그렇지 않다고 주장한다.

불안한 내담자들을 면담해보면, 이들은 자신의 현재 상황에 상당한 위험이 있다고 지각하고 있으며객관적인 관찰자의 입장에서는 위험하지 않은 상황일 수 있다, 이들이 느끼는 불안은 왜곡된 지각의 결과임을 관찰할 수 있다. 이러한 관찰을 통해서 불안한 내담자들이 보이는 상황에 대한 비현실적인 지각과 해석을 파악하고 그것의 타당성을 평가하며 수정하는 인지행동치료가 발전하게 되었다.

인지행동적 입장에서는 우울증에 대해서처럼 불안장애에 대해서도 내담자가 불안을 느끼는 것은 주로 사건 자체가 아니라 그 사건에 대한 내담자의 지각과 해석에 의해 결정된다고 가정한다. 우울증에서는 핵심적인 역기능적 인지가 관계, 지위 혹은 능력의 상실을 지각하는 것과 관련되는 반면에, 불안장애에서의 핵심적인 인지는 주로 신체적 혹은 심리사회적 위험을 지각하는 것과 관련된다.

일상생활 속에는 객관적으로 위험한 상황들이 많이 있다. 이러한 상황에서는 개인의 위협에 대한 지각이 상황에 대한 객관적이고도 현실적인 평가일 수 있다. 그러나 벡에 의하면, 불안한 내담자들은 주어진 상황에 내재하는 위험을 체계적으로 과대평가하는 경향이 있는데, 위험을 과대평가하게 되면 자동적이고 반사적으로 불안 프로그램이 활성화된다. 이는 우리가 유전적인 과거로부터 물려받은 반응체계로서, 원래는 원시적 환경에서 위험으로부터 우리를 보호하기 위해 고안된 것이다. 이러한 불안 프로그램은 싸움이나 도망 혹은 기절을 위한 준비로서의 자율신경계의 활성화, 현재 진행 중인 행동의 억제, 다양한 상황 중에서 위험요소에 대해서만 선택적으로 주의를 기울이는 반응들을 포함한다.

원시적인 환경에서는 많은 위험이 신체적인 것이었고 생명을 위협하는 것이었다. 따라서 이러한 환경에서 불안 프로그램은 자신을 보호하기 위한 적응적인 기능을 수행하였다. 이와 유사하게 현대사회에서도 불안반응은 실제의 위험을 포함하는 많은 상황에서 유용한 기능을 수행할 수 있다.

그러나 위협이 잘못된 지각에서 초래되는 경우라면 불안 프로그램에 의해서 활성화된 반응은 상황에 부적절할 수 있으며 부정적인 기능을 수행하게 된다. 불안반응으로 인해 오히려 기능상의 저하와 불안 증상의 노출이 초래되고 이에 대한 타인의 부정적인 반응을 예상하게 되는데, 이것이 다시 또 다른 위협으로 해석됨으로써 악순환을 형성하여 불안반응은 더욱 증가한다. 위험의 지각과 불안 증상 간의 이러한 교호적 상호작용으로 인해 인지행동치료에서는 불안 증상에 대한 불안을 다루는 데 많은 노력을 기울인다.

불안과 관련된 인지적 평가 과정은 의식적인 통제 없이 일어날 수 있는 상당히 자동적인 정보처리 과정으로서 정서적 반응을 유발한다. 이러한 평가 과정은 과거 경험이 추상화되어 축적된 인지적 구조인 인지도식에 의해 영향을 받는다. 인지도식 이론에 의하면, 불안과 관련된 인지도식은 위험이나 위해의 주제와 관련되어 있다. 위험은 공격받음, 신체적 고통, 심리적 상처를 포함한다.

위험에 대한 평가는 두 가지 과정을 거친다. 먼저, 환경적 자극이 즉각적인 위험성을 의미하고 있는지를 결정하는 일차적 평가가 이루어지고, 이어 위험한 상황에 대처할 수 있는 자원을 갖추고 있는지를 판단하는 이차적 평가가 이루어진다. 이 이차적 평가에 의해 환경적 자극의 위험성에 대한 평가가 변화될 수 있다.

불안장애 내담자들은 위험과 위해의 주제와 관련된 인지도식을 가지고 있어서 일상생활 속의 위험요소에 예민하게 선택적으로 주의를 기울이게 되고, 위험성을 과도하게 평가하며, 자신의 대처 자원을 과소평가하는 경향이 있다. 이러한 왜곡된 평가의 결과로 이들은 위험과 위협의 내용을 가진 자동적 사고를 갖게 된다. 이러한 자동적 사고는 주로 언어적 명제나 시각적인 심상의 형태를 갖는다. 또한 불안장애 내담자들은 이러한 자동적 사고의 현실성과 사실성을 평가하는 능력이 결여되어 있다.

3) 기타 이론

불안과 관련하여 그 밖에 자기불일치 이론, 불안염려 이론, 생물정보적 이론 등이 있다.

(1) 자기 불일치 이론[6]

히긴스Higgins는 불안과 우울 같은 구체적 정서 경험이 인지적 요소들 간의 관계에 의해 결정된다고 주장하였다. 히긴스에 의하면 정서 경험이 유발되는 데에는 인지적 요소들 간의 관계에 대한 평가가 중요한데, 평가는 현재 상태에 대한 표상과 원하는 상태에 대한 표상을 단순 비교함으로써 이루어진다.

히긴스는 두 종류의 자기 과정으로 자기에 대한 관점과 자기 영역을 상정하였다. 자기에 대한 관점은 자신이 보는 자기에 대한 관점과 타인이 보는 자기에 대한 관점으로 나누어지고, 자기 영역은 실제적인 자기와 이상적인 자기, 의무적인 자기로 나누어진다. 이러한 자기 요소들 간에 불일치와 갈등이 일어나면 여러 가지 불쾌한 감정이 일어나게 된다.

자기 불일치 이론에 의하면, 불안은 실제적인 자기와 의무적인 자기 간의 불일치에서 기인한다. 실제적인 자기 및 타인의 관점에서의 의무적인 자기와 불일치하면 타인으로부터의 처벌과 징벌을 예상하는 인지를 갖게 되어 불안을 경험하게 된다. 반면, 실제적인 자기가 자신의 관점에서의 의무적인 자기와 불일치하면 죄책감, 자기경멸감, 불유쾌감 등의 형태로 불안을 경험하게 된다. 불안과는 달리 우울은 실제적인 자기

---

6 이 부분은 주로 권석만(1995)의 글을 참고하였다.

와 이상적인 자기의 불일치에 의해 유발되는 감정이다.

(2) 불안 염려 이론

발로우Barlow는 불안장애 내담자와 정상인의 주된 차이는 자기효율성에 있다고 보았다. 이러한 효율성에 대한 신념의 차이는 인지적 처리 과정과 상호작용하여 불안을 유발하게 된다. 발로우에 의하면, 불안해지기 쉬운 사람은 강하고 빈번한 정서반응을 나타내게 하는 생리적 특성을 선천적으로 타고난다. 빈번하고 예측 불가능하게 일어나는 흥분 상태에서 자신은 환경과 정서적 반응을 통제하는 데 무기력하다고 생각하며 자기효율성에 대한 신념 수준이 저하된다. 이러한 흥분 상태와 무기력이 연합되고 일반화되어 여러 형태의 흥분 상태에서도 자동적으로 자기초점화와 무기력감이 일어나게 됨으로써 불안을 경험하게 된다. 이러한 발로우의 주장은 흔히 불안 염려 모델이라고 불린다.

(3) 생물정보적 이론

랑Lang은 기억의 연결망식 구조와 활성화 확산 이론에 근거하여 불안과 공포에 대한 인지적 이론을 주장하고 있다. 이러한 랑의 이론은 생물정보적 이론이라고도 불린다.

그에 의하면 정서는 기억 내에 저장된 특징과 운동 프로그램의 활성화를 의미하며, 이는 신체적 흥분을 유발한다. 정서는 행동을 유발하는 데 관련된 인지적 처리 과정의 내면적 측면으로 간주한다. 정서와 인지를 별개의 과정으로 보는 인지도식 이론과는 달리, 이 이론은 정서를 인지 기능의 운동적·행동적 측면으로 본다. 정서는 행동경향성이자 행동 세트로 구성된 반응 패턴인 것이다. 이러한 행동 세트는 기억 구조를 구성하는 연결망의 일부를 이룬다.

공포는 기억 내의 연결망으로 표상되어 있으며, 이러한 정보 구조는 도피 행동이나 회피 행동을 위한 프로그램으로 간주된다. 공포 구조는 공포스러운 자극 상황에 대한 정보자극절, 언어적·생리적·행동적 반응에 대한 정보반응절, 구조 내의 자극과 반응요소의 의미에 관한 해석적 정보의미절 등 세 가지 정보절로 구성되어 있다. 이때 의미절은 자극 정보와 반응 정보를 통합하는 역할을 한다.

이러한 공포 구조의 활성화는 불안과 공포의 주관적 경험을 초래하며, 공포 구조 내의 자극절에 저장된 정보와 일치하는 자극의 지각에 의해 자극절이 활성화됨으로써 시작된다. 이어 의미절로 활성화가 확산됨으로써 자극과 반응에 대한 이해예: 위험하다, 가능한 한 빨리 뛰자 등가 이루어지는 동시에 반응절의 활성화에 의해 저장된 행동 패턴이 유발된다. 즉, 공포 구조는 자극과 반응요소뿐만 아니라 특히 구조 내에 포함된 자극과 반응의 의미에 있어서 다른 구조와 구별된다. 공포 구조는 '위협으로부터의 도피', 즉 위협의 의미를 가진 자극에 대한 도피의 의미를 지닌 행동 패턴을 포함하고 있는 것이다.

병적인 공포 구조는 많은 수의 구성요소와 요소 간의 강한 연결로 이루어진 크고 정교화된 공포 연결망을 가지고 있다는 점에서 정상적인 공포 구조와 구별된다. 이러한 특성은 공포 반응이 다양한 자극 맥락에서 생겨날 수 있음을 의미한다. 자극과 반응요소 간의 강한 연결은 실제 상황에 비해 과도한 공포반응을 나타내게 한다. 또한 병적인 공포 구조에서는 공포 연결망이 한번 활성화되면 비공포 관련 처리는 배제되며 요소 간 강한 응집력 때문에 활성화된 상태가 중지되기 어렵다는 특성을 지닌다.

포아Foa와 코작Kozak은 노출치료가 공포 감소를 가져오는 정서적 정보처리의 심리적 기제를 설명하면서 랑의 이론을 다소 수정하였다. 랑은 의미절의 활성화를 통해 자극과 반응의 의식적 이해를 통해 공포반응이 일어난다고 보았다. 그러나 포아 등은 공포 구조 내에 있는 위험과 위협의 의미가 공포 구조의 구조적 관계 속에서 내현적으로 전달된다고 주장하였다. 즉, 자극과 반응의 의미에 대한 의식적 자각 없이 공포반응이 유발된다는 것이다. 물론 내성에 의해 공포 구조의 어떤 측면은 의식될 수 있지만, 여러 연구는 자극과 반응 그리고 의미의 연결이 그들에 대한 의식적 자각 없이 이루어질 수 있다는 것을 시사한다.

포아 등에 따르면 병적인 공포 구조는 과도한 예민성을 가지고 있다. 첫째, 공포 구조는 과도한 반응요소회피 행동, 생리적 반응 등를 가지고 있다. 둘째, 공포 구조는 수정에 대해서 강한 저항력을 가지고 있다. 이러한 저항에 의해 지속되는 공포는 공포 구조의 강한 응집성뿐만 아니라 공포 관련 정보의 처리기제의 결함에 의해 일어난다.

또 이들은 이러한 공포 구조의 변화를 위해서는 두 가지 조건이 수반되어야 한다고 주장한다. 하나는 공포 관련 정보는 기억 구조를 활성화시켜 의식화되어야 한다는 것이고, 다른 하나는 공포 구조와는 양립될 수 없는 정보에 노출되어 새로운 기억이 형성되어야 한다는 것이다. ◆

3. 불안의 종류

　다양한 불안에 대해서 현상학적으로, 그리고 정신역동적으로 관찰하고 개념화하는 것은 정신병리의 연구에서 중요한 접근이다. 무의식적인 불안, 정서, 정동 등은 의식적인 심리학의 입장에서 보면 이해하기 어려운 것일지도 모른다. 내담자는 무의식적인 불안이 의식되거나 외현적인 불안 뒤에 숨어 있는 무의식적인 불안을 이해하게 되면 자신의 근거 없는 신경증적인 불안이나 다른 증상들에서 자유로워진다. 그러므로 무의식적인 불안은 모든 방어기제를 작동시키는 것으로 매우 중요한 역할을 한다.

　불안은 공황적이고 확산된 불안에서 구체적이고 방향성 있는 공포에까지 연속선상으로 볼 수도 있고, 다른 차원에서도 파악될 수 있다. 근본적인 위험의 성질과 상이한 불안의 종류가 생겨날 수도 있다.

우선 정신증 내담자의 경우에서처럼 위협적인 자기 통합의 와해나 파편화와 같은 극심한 불안이 있을 수 있다. 이것은 불안이 너무 극렬하게 경험되고 감당하기 어려워, 현실적인 접촉이나 관계를 포기하고 원초적인 상태로 퇴행한 경우다. 그리하여 환각이나 망상과 같은 현실검증력이 상실된 증상들로 나타나거나, 무감동이나 무의지 등을 보이는 음성적인 증상을 보일 수 있다. 특히 후자의 경우에는 현실로부터 멀리 떨어져 나가서 아무런 갈등이나 긴장, 실망, 원한 등을 느끼지 않는 것처럼 보인다. 이것은 현실과의 모든 관계와 접촉이 상실되고 자아경계가 포기된 상태로, 심한 대가를 치르게 된다. 삶이라는 냉엄한 현실을 전혀 받아들이지 못하고 적절히 대처하지 못할 때 이러한 정신증 상태에까지 빠지게 되는 것이다.

망상을 가지고 있는 내담자들은 대단히 공격적이고 섬뜩한 느낌을 자아내기도 한다. 이들은 자신이 산산조각날 것 같은 불안이나 세상이 무너질 것 같은 극심한 불안을 경험할 수 있으며, 이에 대처하기 위해 아주 체계적인 현실 왜곡을 하게 된다. 이들과 이야기를 해보면 망상의 세계가 체계적으로 구성되어 있어서 매우 그럴듯하게 여겨지기도 하지만, 특정 영역에서는 논리의 그물망이 정연하지 못하고 가공의 것으로 억지로 채워 넣은 것이 드러난다. 어쨌든 이러한 시도도 혼란스럽고 극도로 불안하게 경험되는 세계를 상당히 제한적이지만 자기가 이해할 수 있고 통제할 수 있는 만큼 조직화하려는 것으로 볼 수 있다. 이런 상태에서 이들의 신념 중 타당하지 않은 부분에 대해 지적하면 이들은 매우 공격적이고 위협적인 반응을 보인다. 증상이 호전되어 현실적인 판단 기능이 되돌아오면, 이들은 과거에 자신이 옳다고 우겼던 신념들이 사실은 그렇지 않다는 것을 깨닫고는 우울감을 느끼고 비참해지는 경험을 하기도 한다.

정신증 상태에서 경험할 수 있는 붕괴 불안 이외에 가장 원시적인 불안의 형태인 편집증적인 피해 불안이 있다. 이러한 편집증적 불안은 멜라니 클라인Melanie Klein의 편집-분열 포지션에서 유래한 것이다. 클라인에 의하면, 신생아는 자신의 파괴적 성향을 분리하여 어머니의 한 가슴에 투사한 후, 마치 자신이 그것에 추적당하는 것으로 지각하는 편집증적 불안을 갖는다고 한다.

이러한 주장은 한 살도 안 된 신생아가 자기보고를 할 수도 없고, 어느 누구도 생후 1년 간의 심리내적인 상태에 대해 회고할 수 없기 때문에 타당성과 신빙성을 객관적으로 검증하기는 어렵지만, 현대의 정신분석에서는 내담자의 정신증적 상태나 경계선 증후군 등을 이해하려는 시도가 매우 활발하게 이루어지고 있다(윤순임, 1995).

특히 클라인이 제시한 비성숙한 발달단계의 방어기제인 분열splitting에 관한 이론은 경계선 성격장애의 이해에 커다란 영향을 끼치고 있다. 경계선 성격장애 내담자들은 자신과 대상의 일부가 나쁘기만 한 쪽으로 위협적으로 휩쓸리게 될까 봐 심한 불안감을 경험하며, 추동 조절이나 대인관계에서 매우 불안정한 양상을 보인다. 보통 사람들도 친밀한 관계에서 사랑에 빠지는 것과 같은 강렬한 정서 경험을 할 때는 동일한 대상이 천사처럼 보이다가도 어떤 순간에는 갑자기 악마처럼 지각되는 양극적인 경험을 한 적이 있을 것이다.

경계선 성격장애 내담자들은 흑과 백의 중간에 회색이 있듯이 중간지대가 존재하지 않는다고 보며, 한 대상을 아주 선하거나 아니면 아주 악한 대상으로만 지각하는 극단적인 양극화와 불안정성을 보인다. 즉, 한 사람에게는 좋은 점도 있고 나쁜 점도 동시에 있을 수 있다는 사실을 받아들이면서 선택적인 지각을 할 수 있어야 하는데이것이 세상의 현실이다, 이들은 이것 아니면 저것, 모 아니면 도라는 식으로만 세상을 지각한다.

이보다는 성숙한 단계인 불안신경증은 주로 중요한 대상표상의 상실이나 분리를 통해 고유한 심리적 실존이 위협받는 경우다. 예를 들어, 급작스럽고 강한 불안에는 다양한 교감신경의 반응이 동반되며, 심장이 멈출 것 같고 마치 죽을 것 같은 심한 불안 상태가 초래되는데, 이것은 심리적 실존의 상실에 대한 불안과 본래의 자기 상실에 대한 불안과 관련된다. 이러한 불안신경증적 발작과 심장신경증적 발작은 매우 고통스럽지만, 그럼에도 도움을 받을 수 없는 것, 절대적인 버려짐, 절망과 관련된 감정과 함께 대단한 위협이 되는 자기 상실의 불안보다는 상대적으로 견디기 쉬운 것일 수도 있다. 공황 발작 경험이 있는 내담자들을 치료해보면, 이들에게 이러한 자기 상실과 관련된 불안이 내재해 있는 경우를 종종 경험할 수 있다.

또 다른 차원으로 의존과 자율 간의 갈등에서처럼 자율성의 위협이 문제될 수 있고, 우울이나 자기애성 성격장애에서처럼 자기애적인 평형의 장애가 문제될 수 있다. 의존과 자율의 문제는 서구 사회보다는 특히 우리 문화에서 만연해 있는 갈등인 것 같다. 주변에서도 어른이 되어서도 어른으로서 책임감이나 자립심을 가지지 못하고, 계속해서 경제적으로나 심리적으로 부모에게 의존하기만 하고 누군가 알아서 해주겠지 하는 생각을 가진 사람들을 많이 볼 수 있다. 이런 수동적이고 편안함만 추구하는 분위기에서는 한 인간으로서의 진정한 독립이나 홀로서기가 매우 어렵다고 할 것이다.

자기애적인 심리장애는 이상화하는 대상을 찾지 못하거나 주위 사람들로부터 자기를 반영해주는 반응을 받지 못하면 쉽게 상처를 받거나 자기의 본래 모습이 분열되고 상실되지 않을까 하는 두려움을 경험한다. 이러한 성향성노 우리 문화에

만연해 있는 장애로 보이는데, 다른 사람들이 자신을 어떻게 보는지에 대한 평가에만 너무 매달려서 다른 사람 눈치만 보거나 자신감이 부족해서 쉽게 위축되는 경우가 많은 것 같다. 그리고 다른 사람들이 자신이 바라는 기준에 미치지 못하면 다른 사람들을 싸잡아서 비판하거나 심한 불만을 가지는 경우를 많이 보게 된다.

주위 사람들에게만 엄격한 비판의 잣대를 적용할 경우에는 자신의 잘못을 다른 사람들에게 투사하기 쉽고, 주변 사람들을 자신의 손아귀에 넣으려는 권위적이고 권력지향적인 사람이 되기 쉬울 것이다. 부족하지만 있는 그대로의 자기를 수용하고 사랑할 수 있는 자세가 되어야 또한 다른 사람들에게도 관용할 수 있고, 어려움과 역경 속에서도 인간적인 한계와 현실을 수용하고 버틸 수 있는 소신과 품위를 지켜나갈 수 있을 것이다. 이러한 측면들이 잘 발휘되지 못할 때 우리는 사소한 자극이나 비판에도 쉽게 상처를 받고, 또 그럴까봐 쉽게 불안해지거나 위축되고 긴장감을 느끼는 경우가 많은 것 같다.

그 밖에 거세 불안이나 초자아 불안이 문제의 초점이 될 수 있다. 부모와 자식 간 삼자관계가 대두되는 오이디푸스기 동안의 거세 불안은 보복하려는 한쪽 부모에 의하여 성기가 손상되거나 없어질 수 있다는 것에 초점이 맞추어져 있는데, 이러한 공포는 다른 신체 부위의 상실이나 다른 형태의 신체적 손상으로 은유적으로 표현될 수 있다. 그리고 초자아에서 유래한 불안은 도덕적 행위에 대한 내적 기준에 따라 살지 못한 것에 대한 죄의식 혹은 양심의 가책으로 이해될 수 있다.

하지만 대개는 이렇게 성숙한 초자아가 발휘되기보다는 외적인 규범이나 처벌에 의한 불안이나 죄책감을 경험하는 경우가 많아 보인다. 내재화된 초자아의 확립은 자기애적인 심리 장애와도 밀접하게 관련된다. 즉, 우리는 누군가에게 잘 보이고 무조건 인정받고 사랑받기 위해서 사는 경우가 많은데, 유아적인 전능감이나 외부 대상에만 집착하는 것을 포기하고, 보다 자기화된 규범을 가지고 살아가려고 애써야 할 것이다. 우리에게는 다른 사람보다 잘나고 싶고 전지전능한 존재와 융합하고자 하는 유아적인 마음이 있는 것 같다. 우리는 이런 마음이 있다는 것을 부인하지 말아야 할 것이고, 거대 자기 grandiose self 상태에 빠지지 않게 성실하게 자기를 만나야 할 것이며, 현실적이고 진정한 자기를 개발하는 데 노력을 기울여야 할 것이다.

이상에서와 같이 불안은 붕괴 불안, 피해 불안, 대상상실의 불안 혹은 분리 불안, 애정상실의 불안, 거세 불안, 초자아 불안 등으로 나눌 수 있다. 이때 불안반응에서의 차이는 위험의 성질뿐만 아니라 자아의 성숙과도 관련된다.

억압된 모는 물안이 부실서하고 유아석이며 불필요한 것은 아니다. 모든 인간에게 정도의 차이는 있지만, 불안은 나이 먹는 것과 죽음에 대한 현실을 억압할 것이다. 여기에는 무無에 대한 불안과 삶의 유한성에 대한 불안 같은 실존적인 불안이 제기된다. 우리는 이러한 불안들을 극소화하거나 해롭지 않다고 하거나, 혹은 비현실적인 설명으로 극복하려고 하지 말고 있는 그대로 수용할 수 있도록 노력해야 할 것이다. ◆

4. 걱정의 종류

　DSM-5에서는 과도한 걱정을 범불안장애의 핵심 진단기준
으로 제시하였다. 그리고 범불안장애 내용 영역의 포함 기준
으로 많은 사건과 활동에 대한 걱정을 제시하고 있으며, 구체
적으로는 직업에서의 책임, 재정, 가족의 건강, 아이의 사고,
약속에 늦는 것과 같은 사소한 문제 등 일상생활과 관련된 것
들을 열거하고 있다.

　걱정을 분류하면 앞서 본 바와 같이 가족 · 집 · 대인관계,
재정, 일 · 학교, 질병 · 손상 · 건강, 기타 등으로도 나눌 수
있고, 사회적인 걱정, 건강에 대한 걱정, 걱정 자체에 대한 걱
정으로도 나눌 수 있다. 범불안장애 환자들은 대체로 질병, 손
상, 건강에 대해 더 많이 걱정하는 경향이 있고, 정상집단은
재정적인 걱정을 더 많이 하는 경향이 있었다.

　건강에 대한 걱정이 지나치면 질병불안장애로 발전할 소시

가 있다. 질병불안장애는 현실적인 뚜렷한 근거가 없는데도 자신이 심각한 질병을 가지고 있다는 사실에 집착하여 불안해하는 것으로, 정도가 지나치면 정신증 수준의 신체적인 망상으로까지 이어지는 경우도 있다. 걱정에 대한 걱정은 웰스가 범불안장애의 주된 문제라고 주장한 상위 걱정에 관한 것이다.

다음에 제시된 불안사고목록AnTI은 이러한 걱정의 여러 측면을 측정하기 위해 개발된 도구다. 이를 통해 자신이 어떤 걱정을 하고 있는지를 확인해볼 수 있을 것이다. ◆

🔑 불안사고목록 (AnTI)

1	2	3	4
전혀 그렇지 않다	가끔 그렇다	종종 그렇다	항상 그렇다

1. 나는 내 용모에 대해 걱정한다.　　　　1 2 3 4
2. 내 생각에 나는 실패자다.　　　　　　　1 2 3 4
3. 미래를 보면 긍정적인 것보다는 부정적인 것에 대한 생각들이 더 많이 떠오른다.　1 2 3 4
4. 예기치 않은 신체 증상이 생기면 나는 가장 나쁜 가능한 경우를 생각하는 경향이 있다.　1 2 3 4
5. 나는 심각하게 아프게 되는 생각들을 한 적이 있다.　1 2 3 4
6. 나는 반복되는 생각을 하지 않는 게 어렵다.　1 2 3 4
7. 나는 심장마비나 암이 있을지 모른다는 걱정을 한다.　1 2 3 4
8. 낯선 사람들과 있을 때면 잘못 말하거나 행동할까 봐 걱정한다.　1 2 3 4
9. 다른 사람들의 기대에 부응하지 못하는 내 능력에 대해 걱정한다.　1 2 3 4
10. 나의 신체 건강에 대해 걱정을 한다.　1 2 3 4
11. 내가 원하는 만큼 내 생각을 통제할 수 없는 것을 걱정한다.　1 2 3 4

12. 나는 사람들이 나를 싫어할까 봐 걱정한다.	1	2	3	4
13. 나는 너무나 실망하여서 그것들을 내 마음에서 떨쳐버릴 수가 없다.	1	2	3	4
14. 나는 쉽게 당황한다.	1	2	3	4
15. 뾰루지와 같은 조그마한 것으로 고민할 때, 나는 실제보다 더 심각하게 생각한다.	1	2	3	4
16. 불쾌한 생각들이 내 의지와는 반대로 머릿속에 떠오른다.	1	2	3	4
17. 내 실패와 약점에 대해 걱정한다.	1	2	3	4
18. 나는 다른 사람들처럼 적절하게 삶에 대처할 수 없는 것을 걱정한다.	1	2	3	4
19. 나는 죽는 것에 대해 걱정한다.	1	2	3	4
20. 내가 웃음거리가 될까 봐 걱정한다.	1	2	3	4
21. 내가 걱정을 너무 많이 하기 때문에 살아가면서 빠뜨리는 것이 있다고 생각한다.	1	2	3	4
22. 나는 세어보거나 반복하는 사고를 가지고 있다.	1	2	3	4

• 사회에 대한 걱정: 1, 2, 8, 9, 12, 14, 17, 18, 20
• 건강에 대한 걱정: 4, 5, 7, 10, 15, 19
• 걱정에 대한 걱정: 3, 6, 11, 13, 16, 21, 22

5. 사고 통제

1) 사고 억제

사람들에게는 각자가 선호하는 사고나 정서 상태가 있으며, 이에 따라 원치 않는 사고를 억제하려고 시도하거나 불편한 정서 경험을 회피하고 억제하려고 시도할 수 있다. 또한 특정 과제에 주의집중하려고 하거나 고통으로부터 주의분산을 하는 식으로 자신의 심리 상태에 영향을 미치려고 한다. 하지만 자신의 마음을 통제하려는 시도는 종종 실패하는데, 이럴 경우 과장된 사고와 실패감을 동반하여 오히려 원치 않는 사고와 행동들이 침투적으로 발생하거나 재현될 수 있다. 이러한 좌절은 자존감에 위협이 되고 심리적이고 신체적인 질병을 유발할 수도 있다.

범불안장애의 서성은 사고 억제 시도와 판린싱이 많아 보인다. 사고 억제는 특정 사고에 대해 생각하지 않으려는 노력인데, 원치 않는 불편한 사고를 억제하려는 시도는 그러한 시도를 하지 않은 경우보다 오히려 그러한 사고에 더욱 집착하게 하는 역설적인 효과를 생성한다.

웨그너Wegner는 이러한 반동 효과를 검증하는 실험을 하였다. 연구자들은 피험자들에게 흰곰에 관한 생각을 하지 말라고 지시한 다음 사고의 흐름을 보고하면서 흰곰에 대한 생각이 일어날 때마다 벨을 울리라고 요구하였다. 실험 결과, 사고를 억제한 피험자들이 처음부터 흰곰을 생각하도록 요구한 피험자들보다 흰곰에 관한 생각을 더 많이 보고하였다. 특정한 사고를 억제하려는 노력은 일시적으로는 억제에 성공하지만, 뒤이은 시기에 표현하게 했을 때 역설적인 반동 효과라고 불리는 사고 빈도에서의 증가가 관찰되었다. 이렇게 특정 사고를 회피하려는 시도는 원치 않는 결과를 초래한다.

웨그너는 이러한 반동 효과를 설명하기 위해 처음에는 사고를 억제하기 위해 사용하는 방략에 초점을 두었다. 사고 억제는 특정의 주의분산 사고를 사용하면서 시작되는데, 반복되는 억제 과정을 통해 원치 않는 사고와 주의분산 사고들 간의 연합이 형성되고, 억제하려고 하면 할수록 원치 않는 사고와 다른 생각이나 심상, 기억, 개념의 연합이 더욱 형성되어 결국에는 회피하려는 사고를 떠오르게 할 수 있는 커다란 세트의 인출 단서들이 만들어진다는 것이다.

이후에 웨그너는 사고 억제를 포함한 다양한 심리 통제와 관련된 반의도적이고 역설적인 효과를 제시하면서 이와는 다른 설명을 시도하였다. 그의 설명에 의하면, 억제하려는 의도는 피드백 기제로 작동하는 두 과정의 활성화를 포함하는데, 하나는 원하는 상태를 유지하는 데 작동하는 통제 과정이고 다른 하나는 원하는 상태와 일관되지 않은 감각들 및 사고들을 동시에 검색하는 자동 과정이다.

의도적인 작동 과정은 의식적이고 노력이 필요하며 억제가 가능하고, 인지 부하나 주의분산, 스트레스, 괴로움, 시간 압력, 불안 등에 의해 손상될 수 있다. 역설적인 검색 과정은 무의식적이고, 노력이 덜 필요하며, 심리 통제가 유지되는 한 억제되지 않고, 인지 부하 등에 의해 영향받지 않으며, 자동적으로 작동한다. 이러한 검색 과정은 심리 통제가 실패하는 것을 주의깊게 지켜보는데, 작동 과정이 인지 부하 등에 의해 제한되면 특정한 감각이나 사고를 억제하려는 노력은 오히려 억제된 정보들을 활성화하여 기억에서 더욱 접근할 수 있게 만든다. 그러므로 불안한 경우에는 심리 통제와 관련된 노력이 더욱 필요하다. 무의식적인 검색 과정은 원치 않는 불편한 사고에 더욱 접근 가능하게 만드는 조건이 된다.

❓ 사고 억제 질문지

아래에는 사람들이 경험할 수 있는 생각들에 관한 문항들이 제시되어 있습니다. 각 문항을 주의깊게 읽고, 각 문항의 내용이 자신의 경험과 일치하는 정도에 따라 적당한 번호를 적어 보십시오.

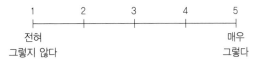

1	2	3	4	5
전혀 그렇지 않다				매우 그렇다

1. 생각하고 싶지 않은 것들이 있다.   1 2 3 4 5

2. 내가 왜 이런 생각들을 하는지 의아할 때가 1 2 3 4 5
   있다.

3. 도저히 멈출 수 없는 생각들이 있다.   1 2 3 4 5

4. 지워버릴 수 없는 이미지(심상)들이 자꾸 1 2 3 4 5
   떠오르곤 한다.

5. 이 생각 저 생각 하다 보면 자꾸 한 생각으 1 2 3 4 5
   로 돌아온다.

6. 그만 생각하고 싶은 것들이 있다.   1 2 3 4 5

7. 생각이 너무 빨리 돌아가서 멈추고 싶을 때 1 2 3 4 5
   가 있다.

8. 나는 언제나 문제들을 마음에서 떨쳐버리 1 2 3 4 5
   려고 노력한다.

9. 계속 머리에 떠오르는 생각들이 있다.   1 2 3 4 5

10. 때로는 어떤 생각이 떠오르지 않게 하려 1 2 3 4 5
    고 바쁘게 지낸다.

11. 생각하지 않으려고 애쓰는 것들이 있다.	1 2 3 4 5
12. 때로는 정말 생각이 멈춰버렸으면 좋겠다.	1 2 3 4 5
13. 종종 생각하지 않으려고 뭔가를 한다.	1 2 3 4 5
14. 피하려고 애쓰는 생각들이 있다.	1 2 3 4 5
15. 다른 사람에게 말 못하는 생각들이 많이 있다.	1 2 3 4 5

출처: 이용승, 원호택(1999).

원치 않는 부정적인 사고는 범불안장애 이외에도 강박장애, 외상후 스트레스 장애와 같은 여러 가지 불안장애나 우울증, 질병불안장애 등에서 나타날 수 있으며, 정상인들도 일상생활에서 이러한 사고들을 흔히 경험한다고 보고되었다. 이러한 사고들을 다루는 적절한 통제 방략에 대해서는 보다 자세한 검토가 있어야겠지만, 경험적인 연구에서는 의도적인 통제 방략의 사용은 원치 않는 사고의 발생 빈도를 오히려 증가시키는 역설적인 효과를 초래한다고 알려져 있다.

제시된 일반적인 사고 억제 경향성을 측정하는 자기보고 질문지는 범불안장애, 강박장애, 우울증과 관련된 질문지들과 높게 상관되었다. 이 질문지를 번안하여 대학생들에게 실시한 결과로는 평균 점수가 46점 정도였다.

2) 마음의 통제

불편하고 원치 않는 사고를 억제하려는 시도 이외에도 기분, 정서, 느낌, 감각 등의 다양한 영역에서 심리 통제가 행해질 수 있다. 이러한 심리 통제는 양면을 가지고 있다. 심리 통제가 시도되지 않으면 사람들은 원치 않는 사고, 감정, 행동들로 고통 받게 된다. 이와는 대조적으로 심리 통제가 시도되면 의도하지 않은 심각한 부작용을 생성할 수 있다.

이러한 역설적인 효과는 사고 억제뿐만 아니라 주의집중, 기분 통제, 이완, 통증 통제, 수면, 자기 제시, 편견, 음주, 흡연, 체중 조절 등 다양한 영역에서 나타난다. 이와 관련된 연구들을 예시하면 다음과 같다.

스트레스나 불안과 같은 인지적인 부하가 있을 때에는 오히려 집중하게 한 경우가 그렇지 않은 경우보다 정보에 대한 접근이 더 되지 않을 수 있다. 기분 통제와 관련한 연구에서, 평상 조건에서는 긍정적인 기분을 얻으려고 시도한 사람의 경우 실제로 더욱 긍정적이 되었지만, 인지 부하 조건에서는 이러한 기분 통제가 실패하여 원하는 기분과는 반대 기분이 보고되었다. 이완하려는 시도도 이와 같이 종종 반대되는 결과를 야기한다. 그리고 범불안장애나 공포장애와 같은 불안장애 내담자들은 불안한 상태를 피하려는 동기에서 불안을 통제하려는 빈번한 시도를 하게 되는데, 계속되는 불안 스트레스 자체 때문에 불안 수준이 계속해서 심화될 수 있다.

어떤 경우에는 주의를 돌리기보다는 주의를 집중하는 것이 고통 경험을 감소시키는 데 더 효과적이라는 연구가 있다. 신체에 고통을 주고 주의분산, 검색, 억제의 세 가지 조건을 주어 실험을 했다. 그 결과 억제하도록 지시한 조건에서 고통의 회복이 가장 느렸다. 즉, 신체 고통 감각이 있을 경우 이러한 감각을 느끼지 않으려고 하기보다는 집중해서 느껴보는 것이 때로 통증 완화에 도움이 될 수 있다는 것이다.

불면증이 있는 사람들은 잠을 자려는 시도를 하기보다는 오히려 깬 채로 머물러 있게 하는 것이 잠이 더 오게 할 수 있다. 편견도 이와 비슷하다. 별다른 인지 부하가 없는 조건에서는 신념을 통제하려는 시도가 성공하지만, 인지 부하가 있는 조건에서는 믿지 말라고 한 조건의 경우에 오히려 편견의 정도가 가장 증가하였다. 술을 마시려는 충동을 억제하려는 시도는 오히려 알코올과 관련된 정보에 대한 접근 가능성을 증가시켰다.

이렇게 불안이나 스트레스가 있는 인지 부하 조건에서는 의도적인 결과와는 반대되는 역설적인 효과가 다양한 영역에서 관찰된다. 그러므로 불편하고 원치 않는 사고나 감정으로 스트레스를 받을 경우에는 오히려 이를 통제하려는 시도를 하지 않는 것이 통제하려는 시도를 하는 것보다 불편감을 덜 경험하고 더 효율적인 대처 방안이라는 매우 역설적인 시사를 하고 있다. 그렇다면 통제 시도를 하지 않는다는 것은 무엇을 의미할까?

3) 원치 않는 사고의 통제 방략

원치 않는 사고를 통제하는 방략에는 여러 가지가 있을 수 있다. 최근 들어 원치 않는 침투적 사고에 대한 인지적인 평가와 통제 방략에 관한 많은 연구가 수행되었다. 웰스Wells와 데이비스Davies는 불안장애 내담자들의 반구조화된 면접과 요인분석을 통해 원치 않는 사고를 통제하는 통제 방략들을 제시하였다. 여기에는 크게 재평가, 사회적 방법, 걱정, 자기처벌, 주의분산의 다섯 가지 요인이 있다. 이 중에서 걱정과 자기처벌은 불안에 대한 취약성과 여러 가지 정신병리 지표와 관련되었다.

이들은 자신들이 개발한 사고 통제 질문지Thought Control Questionnaire: TCQ를 사용하여 심리장애에서 어떤 통제 방략들이 사용되는지를 연구하였다. 그 결과 강박장애 환자와 급성 스트레스장애 환자들을 대상으로 한 연구에서 걱정과 자기처벌이 환자집단과 그렇지 않은 집단을 변별해주는 통제 방략임이

밝혀졌다.

프리스톤Freeston은 정상인을 대상으로 자신의 침투사고에 대해 어떤 통제 방략을 사용하는가를 연구하였다. 이들은 통계적인 기법을 통해 사람들을 최소주의 집단26%, 지속주의 집단34%, 회피・도피방략 집단50%의 세 집단으로 분류하였다. 최소주의 방략에는 아무것도 하지 않거나 자기 안심 구하기 등이 있다. 지속주의 방략은 끝까지 생각하기, 다른 사람에게 안심 구하기 등이다. 도피 혹은 회피 방략에는 사고대치, 사고중지, 주의 돌리기 등이 있다. 이 중에서 지속주의 집단과 회피・도피방략 집단은 노력성 방략 집단으로, 최소주의 집단은 비노력성 집단으로 구분된다. 노력성 방략 집단은 비노력성 집단에 비해 더 불안하고 강박사고의 제거가 더 어렵다고 보고하였으며, 회피・도피방략 집단은 최소주의 집단에 비해 슬픔, 걱정, 죄책감, 거부감 등을 더 많이 보고하였다.

이들 연구는 원치 않는 침투적 사고를 의도적으로 통제하려는 시도가 그렇지 않은 경우보다 더 비효율적이라는 점을 시사한다. 이는 앞서 제시한 심리 통제와 관련된 연구들과 맥을 같이 하는데, 이는 일반적인 상식과는 대치되는 매우 역설적인 결과다.

이러한 측면은 자기 조절 시도와도 관련이 높아 보인다. 우리가 일상생활에서 경험할 수 있는 여러 부정적인 징시 상태를 불편하다는 이유로 무조건 억제하려고 시도하기보다는, 부정적인 생각이나 원치 않는 생각이 떠오를 때에도 자신의 경험을 있는 그대로 받아들이고 버티려고 노력해야 한다는 것을 의미한다. 대개 이러한 경험들은 견디기 어렵고 힘들기 때문에 일시적으로 억제하거나 자신의 것이 아닌 경험으로 내몰 수 있겠지만, 지속적으로 이런 식으로 대처하거나 회피할 경우에 오히려 이러한 사고가 침투적으로 발생하게 되고 심리장애로 발전되는 경우도 있을 것이다. 그러므로 자신의 내적인 경험을 보다 정직하고 진실되게 들여다볼 수 있는 반성적인 태도가 필요하다. 또한 이러한 상태가 유발된 상황이나 자극을 들여다보고 문제해결적인 능동적 시도를 해야 한다. 물론 이러한 자기 조절은 있는 그대로의 자신을 수용할 수 있고, 적절히 해결해나갈 수 있다는 자기에 대한 신뢰를 바탕으로 이루어질 것이다.

이한주(1999)는 퍼든Purdon과 클락Clark의 침투적 인지 질문지Revised Obsessional Intrusive Inventory: ROII를 사용하여 침투적 인지, 인지적 평가, 통제 방략 간의 관련성을 탐색하였다. 이 연구에서는 강박사고를 자생성 강박사고와 반응성 강박사고로 분류한 다음에 이들의 인지적인 평가와 통제 방략에서의 차이를 보았다.

자생성 강박사고는 비교적 관련된 자극 없이 침투해 들어

오는 생각으로, 비현실적이고 비합리적이며 자아이질적인 내
용으로 수용되는 생각들이다예: 성적인 내용, 공격적이거나 난폭한 행위
의 생각 등. 반응성 강박사고는 비교적 관련된 상황 자극에 대한
해석이나 반응으로서 일어나고, 보다 현실적이고 합리적인 내
용으로 수용되며, 자아이질성의 정도도 훨씬 약한 생각들이다
예: 오염 및 감염에 대한 생각, 부주의에 의한 실수나 사고에 대한 생각 등.

연구결과를 보면, 자생성 강박사고는 주로 사고의 통제와
사고의 중요성 차원에서 높은 평가를 하고 주로 회피적인 유형
의 통제 방략을 사용하지만, 반응성 강박사고는 책임감이 높이
평가되고 주로 직면인 유형의 통제 방략을 사용하였다. 걱정
도 강박사고와는 구분되는 사고 유형으로 인지적인 평가나 통
제 방략에 관한 연구들을 수행할 필요가 있을 것이다.

지금까지 범불안장애의 특징인 걱정은 주로 걱정하기worrying
와 같은 통제 방략을 통해 대처하는 것으로 알려졌다. 하지만
실제적인 문제해결을 하지 않고 걱정만 한다면 이는 매우 비효
율적인 대처 방략이라고 할 것이다. 범불안장애 환자들은 끊임
없이 다양한 유형의 걱정을 하고 지내며, 또한 걱정에 대한 걱
정 때문에 시달리는 모습을 보인다. 앞서 소개한 사고 억제 시
도와 걱정하기는 언뜻 보기에는 반대되는 통제 방략으로 보인
다. 그러므로 실제 어떤 걱정사고에 대해 어떤 통제 방략을 사
용하게 했을 때 침투사고의 빈도가 증가하는지 아니면 감소히

는지에 대한 체계적이고 경험적인 연구가 필요하다.

통제 방략 질문지는 이한주(1999)가 침투적 인지 질문지를 번안하는 과정에서 몇 가지 통제 방략을 더 부가하여 제작한 것이다. 실제로 통제 방략 질문지와 우울이나 불안 같은 정신병리 증상을 측정하는 여러 질문지와의 상관을 보았을 때, 여러 통제 방략 중에서 걱정과 자기처벌이나 비난, 사고중지와 관련된 항목이 가장 상관이 높았다. 이 세 가지 통제 방략은 다른 부정적인 일들을 생각해 주의를 돌리기, 스스로에게 "그만!"이라고 말하거나 생각하기, 자신을 비난하거나 처벌하기다. 요인분석을 통해서도 이 세 항목은 한 요인으로 묶였는데, 이를 부정적 회피 방략이라고 불렀다. ◈

통제 방략 질문지

대부분의 사람은 통제하기 어려운 불쾌하고 원치 않는 생각들을 경험합니다. 우리는 사람들이 이러한 생각들을 통제하기 위해 일반적으로 사용하는 방법들을 알고자 합니다. 아래에 제시된 통제 방략들을 잘 읽고 자신이 각 방법을 사용하는 정도에 따라 적당한 번호를 적어보십시오. 옳거나 틀린 반응은 없습니다(7점 척도).

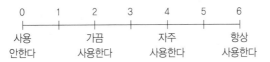

"불쾌하고 원치 않는 생각을 경험할 때, 나는~"

___ 1. 다른 즐거운 일 등을 생각해 주의를 돌린다(예: 긍정적인 생각이나 이미지를 떠올린다, 유쾌한 생각을 하려 한다, 즐거운 기억을 떠올리려고 한다 등).

___ 2. 다른 부정적인 일 등을 생각해 주의를 돌린다(예: 자신의 사소한 걱정거리를 떠올린다, 다른 나쁜 일을 대신 떠올리려고 한다 등).

___ 3. 불안하게 만드는 대상이나 상황을 회피한다(예: 생각을 떠오르게 만든 상황을 회피한다).

___ 4. 안전하거나 원하는 상태로 되돌리기 위한 목적의 행동을 한다(예: 확인하기, 점검하기, 씻기, 정리정돈 등).

___ 5. 다른 어떤 일을 하여 주의를 돌린다(예: 사람들과 다른 이야기를 한다, 일에 몰두하여 스스로를 바쁘게 만든다,

숫자와 날짜 등을 세거나 계산한다, 노래를 부른다 등).

___ 6. 그 생각으로 인한 불안에 반대되는 생각이나 이미지를 떠올린다(예: 아이가 다치는 생각이 날 때마다 아이가 즐겁게 뛰노는 것을 떠올리려 한다, 시체 이미지가 떠오를 때마다 건강한 사람을 생각한다 등).

___ 7. 이 생각은 무의미한 것이라고 스스로 안심시킨다(예: 다 괜찮을 것이라고 스스로 안심시킨다, 별 문제 없을 거라고 생각한다 등).

___ 8. 남들에게 이 생각이 실제로 일어나지 않을 것이란 확신과 안도를 구한다(예: 그런 일은 일어나지 않는다는 확신을 구한다, 무의미한 생각임을 남들로부터 확인한다 등).

___ 9. 남들과 이 생각에 대해서 같이 이야기한다(예: 남들로부터 정보를 구한다, 남들도 비슷한 생각을 가지고 있는지 이야기한다, 남들은 이런 생각에 어떻게 대처하는지 알아본다 등).

___ 10. 이 생각이 타당한지 검토하거나 이성적으로 분석하고 따져본다(예: 이 생각이 합리적인가 생각한다, 이 생각의 타당성을 검토해본다, 다른 식으로 해석하거나 생각해보려고 한다, 이성적으로 분석해본다 등).

___ 11. 이 생각에 집중해서 이모저모를 생각해본다(예: 이 생각이 왜 떠올랐는지 생각해본다, 이 생각을 유발한 자극이 무엇일까 생각해본다, 그 해결책이 무엇일까 골똘히 생각한다, 이런 일이 생기면 누구의 책임일지 생각해본다 등).

___ 12. 스스로에게 "그만!" 하고 말하거나 생각한다(예: 속으로 "안돼!"라고 외친다, 고개를 획 돌리는 등 갑작스러운 동작을 취한다, 박수나 헛기침 등 순간적인 소리를 낸다 등).

___ 13. 자신을 비난하거나 처벌한다(예: 이런 생각을 가진 자신을 비난한다, 성격이나 도덕성 등을 비난한다, 자신의 의지가 부족함을 비난한다, 스스로 자신을 찰싹 때리고 꼬집는 등 충격을 가한다 등).

___ 14. 종교적인 방법을 사용한다(예: 기도 등을 통해 생각을 떨쳐내려 한다, 효력을 지닌 구절이나 어구 등을 암송한다, 효력을 지닌 노래나 휘파람 등을 흥얼거린다, 바닥을 두드리는 등 효력을 지닌 나만의 행동을 한다 등).

___ 15. 그 생각에 대해서 아무것도 하지 않는다(예: 어떤 반응의 필요성도 느끼지 않는다, 별 생각 없이 하던 일이나 생각을 계속한다 등).

출처: 이한주(1999).

범불안장애를 어떻게 치료할 것인가

3

1. 정신분석 심리치료[1]

정신분석 심리치료는 심리 증상을 표적으로 하여 이와 관련된 자동적 사고나 인지적인 왜곡을 직접 다루어나가는 인지행동치료와는 달리, 내담자의 심리구조와 자아 능력 등 다양한 영역을 고려하면서 치료자와 내담자의 만남의 장 속에서 상연되는 다양한 정보객관적 · 주관적 · 장면적 정보와 치료자의 역전이, 꿈의 해석 등을 중심으로 내담자를 전인적으로 이해하고 적절한 치료적 개입을 하려고 시도한다.

물론 상황에 따라 적절하게 다양한 치료적 개입을 할 수 있겠지만, 정신분석 심리치료는 내담자가 고통을 겪고 있는 심

---

1 이 부분은 윤순임 등(1995)의 글을 주로 참고하였다. 여기에서는 범불안장애의 특정적인 치료 방법보다는 심리장애의 일반적인 정신분석 심리치료를 소개하는 데 보다 중점을 두었다.

리 증상이나 대인관계에서의 어려움 등을 매개로 하여 인간 삶의 전체적인 모습에 대한 새로운 이해와 변화를 모색하는 전인적이고도 실제적인 접근이라고 할 수 있다. 그러므로 정신분석 심리치료에는 인지적인 요소 이외에도 인본적이고 실존적인 요소들이 모두 포함되어 있다고 할 수 있다.

정신분석 심리치료는 프로이트의 정신분석에서 비롯되었다. 프로이트에 이르러 치료자가 일방적으로 증상만을 다루는 기존의 의학적인 모델을 극복함으로써 체계화된 심리치료가 시작되었는데, 이는 무엇보다도 자유연상 기법을 개발함으로써 가능하였다. 내담자는 상담시간에 떠오르는 어떤 것이든지 솔직하고 자유롭게 보고하게 되는데, 이를 통해 내담자 스스로 이제까지 제대로 느껴보지 못했거나 기억하기 어려웠던 사건 혹은 정서 경험 등에 더 강화된 자아의 힘으로 도전하는 기회를 가지게 된다.

프로이트 이후에도 불안과 같은 증상이나 심리장애들을 어떻게 치료할 것인가에 대한 다양한 이론이 계속 발전해왔다. 그동안 치료에 관한 많은 연구와 이론이 발표되었고, 이것이 고전적 정신분석에 수렴되면서 많은 수정이 가해졌다. 그 과정에서 기존의 삼원구조 모델원초아, 자아, 초자아로는 심리장애나 정상적인 심리 상태를 다 설명할 수 없다는 것이 분명해졌다.

이러한 점을 보완한 것이 프로이트 이후에 계속 정교화되고 발달해온 정신분석적인 자아심리학, 자기심리학, 대상관계 이론 등이다. 자아심리학을 지향하는 치료자들은 내담자의 자율성을 강화하는 데 특별한 관심을 보인다. 정신분석치료에서는 또한 자기심리학과 대상관계 이론의 발전에 의해 경계선 성격장애나 자기애성 성격장애[2] 등과 같은 초기 장애에 대한 인식과 치료의 폭이 넓어지게 되었다. 이와 관련하여 정신분석치료 일반에 대한 자세한 내용은 윤순임 등(1995)의 글을 참고하기 바란다.

정신분석 심리치료에서 주로 사용하는 중요한 기법들에는 저항분석과 전이분석, 역전이 분석 등이 있다. 저항은 치료 과정에서 무의식을 의식화하는 것을 방해하는 내담자의 모든 태도, 행동 및 언어를 총칭한다. 내담자는 문제의 원인이 된다고 생각하는 내용을 의식적으로든 무의식적으로든 드러내고 싶어 하지 않기 때문에 이러한 내용들에 대한 기억이 어렵거나 불가능할 수 있다. 프로이트는 처음에는 저항을 의식적인 현상으로 보았으나, 연구를 거듭하면서 저항의 많은 부분이 무

---

2 DSM-5에서 경계선 성격장애는 대인관계, 자아상 및 정동에서 불안정성, 심한 충동성이 광범위하게 나타날 때 진단된다. 자기애성 성격장애는 (환상이나 행동에서의) 거대성, 칭송에 대한 욕구, 공감 결여 등이 광범위하게 나타나는 것이 특징이다.

의식적이라는 것을 확인하게 되었다.

불안 증상으로 인한 어려움을 호소하는 내담자에게는 추스르기 어렵고 감당하기 어려운 정서 경험들, 이를테면 버틸 수 없는 것이라고 믿는 짐스러운 경험들, 수치심, 자책감, 상처받을까봐 두려워하는 마음 등이 내면에 자리 잡고 있다. 하지만 그동안 내담자들이 이런 경험들을 있는 그대로 수용하고 받아들이기란 쉽지가 않았을 것이다. 그리하여 증상이나 여러 가지 방어기제를 동원하여 대처하려는 시도들이 있게 되는데, 내담자의 입장에서 보면 이러한 것들은 나름대로 제한된 상황에서 현실에 적응하려는 시도들이었다고 할 수 있을 것이다.

전이란 내담자가 과거의 의미 있는 대상과의 관계에서 체험한 소망, 기대 혹은 좌절 등이 지금-여기here & now에서 만나는 치료자와의 관계에서 무의식적으로 활성화되면서 반복되는 현상을 말한다. 프로이트는 전이 현상을 객관적으로 발견하고 이해하여 내담자에게 적절한 상황에서 언어화할 수 있을 때 치료에 결정적인 효과를 낼 수 있다고 하였다. 가장 현실적이면서도 가공된 심리치료라는 장면에서 내담자는 중요한 사람들과의 관계를 치료자와의 관계에서 반복하며, 이러한 무의식적인 상연에 대한 객관적인 이해와 언어화는 주위 사람들과의 관계와 삶에 대해 그리고 자신에 대해 새로운 조망과 통찰로 이끄는 기회를 제공할 것이다.

　치료 장면에서 느낄 수 있는 치료자의 모든 감정은 내담자의 전이와 연결될 수 있고 내담자가 소화할 수 없는 어떤 내용일 수도 있기 때문에클라인은 이러한 현상을 투사적 동일시라고 명명하였다, 치료자는 이러한 마음의 움직임을 치료에 활용할 수 있다. 치료자는 간직하기containing,[3] 버티어 주기holding[4]와 같은 깊은 공감을 수반하는 기법들을 활용하여 역전이를 다루어나가는데, 이러한 기법들을 적절히 구사하기 위해서는 치료자의 오랜 자기분석과 정규적인 훈련이 필요하다.

　독일어인 Deutunginterpretation, 해석은 무의식적 의미 종합을

---

3 분석가는 내담자가 두려워하는 모든 정동, 충동과 체험 등을 간직하여 완화시켜주는 역할을 한다. 특히 초기 장애에 시달리는 내담자들은 투사적 동일시 등을 통해 분석가에게 강한 감정과 정동을 유발시킨다. 분석가는 이러한 감정이나 정동을 즉시 날것으로 반응하지 않고, 마음에 간직하여 뜸들이고 길들여서 위험하지 않도록 변화시킨다. 분석가는 이렇게 완화된 감정과 정동을 내담자가 준비되었을 때 해석을 통하여 전달하게 된다(윤순임, 1995).

4 버티어 주기란 내담자가 지금 체험하고 있거나, 혹은 뭔가 막연하게 느끼기는 하지만 감히 직면할 수 없는, 끝없이 깊고 깊은 불안과 두려움을 분석가가 잘 알고 있다는 것을 분석 과정 안에서 적절한 순간에 적합한 방법으로 전해주면서, 내담자에게 큰 힘으로 의지가 되어주고 따뜻한 배려로 마음을 녹여주는 것을 의미한다(윤순임 등, 1995).

의식화하는 것을 의미한다. 치료자는 우선 내담자를 어떤 특정 사실이나 체험에 직면시키고, 직면한 사실이나 사건 또는 의미 등을 더 초점을 잡아 명료화하며, 점차로 표면적인 것에서부터 깊은 것으로 해석해 들어가게 된다. 좁은 의미의 해석은 여러 상황과 정보 그리고 지금-여기에서 일어나는 일들을 헤아려보고, 커다란 의미 종합 속에서 추론하여 내담자에게 말로 전하는 것이다. 하지만 너무 급하게 해석하는 것은 효과를 내기보다는 오히려 저항을 강화할 가능성이 크므로, 차츰 뜸들이면서 내담자가 준비되었을 때 해석을 해야 한다. 그리고 방어나 저항을 무의식적 내용보다 먼저 다룬다. 훈습은 치료 과정에서 해석된 것을 통합하고, 해석과 더불어 유발된 저항을 극복하는 과정이다(윤순임, 1995).

불안장애의 치료는 다른 심리장애들을 치료하는 일반적인 원리들과 공유되는 부분이 많다. 불안장애 내담자들은 억압된 갈등에 기초한 병리적인 타협 형성(예: 증상)으로 고통받는다. 이러한 갈등들은 치료적인 관계 맥락, 특히 전이와 저항의 형태로 표현된다. 이러한 과정은 치료 상황이 비구조화되었을 때 촉진되고, 꿈·기억·치료자에 대한 반응 등을 통해 무의식적이고 해소되지 않은 갈등들이 표현되는 자유연상을 조성한다.

치료자는 고르게 떠있는 주의와 중립적이고 편중되지 않은 비판단적인 태도로 경청한다. 이러한 조건들은 분석이 가능한 전이를 발달시킨다. 내담자의 무의식적인 갈등과 저항의 해석은 이러한 갈등들과 관련된 신경증적인 불안의 성질과 영향에 대한 통찰을 제공할 것이다.

정동적으로 생생한 지금-여기에서의 전이반응과 다양한 의미 맥락에서 오랜 갈등들을 반복적이고 점차 의식적으로 경험함으로써, 내담자는 치료 상황의 안과 밖에서 좀 더 현실적이고 덜 불안하며 적응적인 정서행동 패턴들을 체험함으로써 자신의 어려움들을 훈습해 나간다. 억압되고 부인되었던 불안 관련 소망이나 갈등, 환상즉, 추동과 추동 파생물에 대한 반복된 통찰은 이러한 것들을 자아에 보다 통합되게 한다.

통찰에 더하여 변화를 촉진시키는 치료적 관계의 중요한 다른 요인들이 있다.

- 비판단적인 부모상과 새로운 양질의 경험을 실제로 하게 되면 내담자 초자아의 가혹함이 감소된다.
- 내담자는 새로운 동일시를 할 기회를 가지게 된다. 즉, 내담자는 치료자의 태도와 동일시할 수 있고, 치료자를 한 인간으로서 내재화하고 동일시할 수 있게 된다.
- 치료자와 치료자-내담자 관계는 보다 큰 자율성과 개별화를 향한 진보를 촉진하는 안전하고 지지적인 버팀목을

제공한다.

- 자기심리학적인 견해에서 보자면 치료자는 내담자에게 중요한 기능을 제공한다. 그것은 내담자 자신의 긴장 상태를 조절하려는 시도를 돕기 위해 반영하고 이상화된 자기대상으로서 치료자를 활용하게 허용하는 것이다.
- 내담자가 경험한 치료자의 공감은 치료적 변화에서 매우 중요한 요소가 될 수 있다.

이러한 정신분석 심리치료 원리에 기초하여 치료자는 내담자 전체의 다양한 기능의 맥락에서 현재의 증상과 어려움들을 평가하게 된다. 초기 평가는 내담자의 병력, 증상의 심각성, 지속기간, 강도, 촉발인 등을 질문하게 된다. 그리고 내담자가 정신분석 심리치료에 적절한지를 알아보기 위해 다음 요인들을 고려할 수 있다.

- 변화에 대한 긍정적인 동기
- 적절한 정도의 고통과 정동 경험을 인식할 수 있는 능력, 적절한 자아 강도, 심리적인 마음 자세, 현실검증력, 불안에 대한 내성의 존재
- 만족스러운 대상관계 경험
- 치료자와 치료동맹을 형성할 수 있는 능력

그 밖에 내담자의 적응 능력, 숙달감, 자아 강도 등이 보다 나은 치료 결과와 관련된다는 많은 연구가 있다. 또한 내담자의 어려움 정도와 현재 삶의 상황 등을 고려하여 지지적인 접근을 할 것인지 표현적인 접근을 할 것인지를 결정할 수 있을 것이다.

앞서 소개한 자아심리학, 자기심리학, 대상관계 이론 등의 입장에서 여러 요인 간 개념적인 구분을 제시하였지만, 실제 치료에서는 치료적인 변화를 설명하기 위해 어떤 것이 더 중요하다고 평가하기는 어렵다. 그래도 정신분석적인 입장에서 보자면 무엇보다도 불행한 혹은 잘못된 관계들에 의해 생겨난 심리적 장애나 결핍은 관계를 통해 치유할 수 있고 만회할 수 있다는 것이다. 그러므로 정신분석 심리치료는 의식적으로 계획된 상호작용 과정에 기초하여 개입이 이루어지며, 언어적이고 비언어적인 의사소통에 근거한 이러한 관계는 무의식적인 내담자의 전이나 치료자의 역전이에 의해 더욱 강력하게 드러나고 체험된다.

정신분석 심리치료는 대개 일주일에 두세 번씩 장기간에 걸쳐 지속된다. 이와 관련하여 치료의 효율성에 의문을 가질 수 있고, 부분적으로는 치료의 효과에 대해서도 비판적인 시각들이 있다. 물론 내담자의 여건이나 상황 등에 따라 다양한 치료적인 접근이 모색될 수 있겠지만, 적어도 오랫동안 고통

스러웠던 불편감을 해소하고 심리 구조나 성격 조직화에서 의
미있고 실제적인 변화를 야기하기 위해서는 이렇게 빈번하고
장기적인 개입이 불가피하다고 할 것이다.

실제로 독일정신분석협회에서 수년에 걸쳐 광범위하게 진
행한 정신분석 치료의 성과 연구(Leuzinger-Bohleber et al.,
2002)를 보면, 다양한 양적 · 질적 측정치에서 의미있는 결과
를 보고하고 있다. 내담자들은 안녕감, 건강상태, 내적 성장,
대인관계와 같은 양적 측정치에서 긍정적인 변화를 보고하였
고, 외래 진료일이나 병가일 등이 의미있게 감소하였다. 질
적인 분석도 제시되었는데, 내담자들은 창의성과 일 능력,
대상관계, 자기 성찰의 세 축에서의 변화가 체계적으로 평가
되었다.

최근에는 성격장애 내담자를 위한 정신분석 심리치료인 전
이초점 심리치료Transference focused psychotherapy와 다른 대안적
치료들변증법적 행동치료, 지지적 심리치료, 도식 초점 치료 등을 비교하는
성과 연구도 진행되었는데, 앞으로 정신분석 치료를 비롯한
다양한 심리치료가 다양한 맥락에서 얼마나 효과가 있는지에
관한 경험적인 연구들이 지속적으로 수행되어야 할 것이고,
이를 위해서는 임상 실제를 적절히 반영할 수 있는 연구 방법
들을 개발하는 데 힘써야 할 것이다. 임상 실제에서 체험하고
느끼는 상호 주관적인 경험들을 과학적으로 검증하는 작업을

함께 진행하면서, 정신분석적 입장은 소통이 가능한 과학으로서, 그리고 강력한 심리치료 이론이자 기법으로서 의미 있는 진전이 이루어질 수 있을 것이다. ◆

2. 인지행동치료

1) 인지행동치료의 특징

인지행동치료자들 중에서 가장 잘 알려진 사람은 아론 벡 Aaron T. Beck이며, 이 책에서도 인지행동치료는 주로 벡의 이론을 근간으로 기술할 것이다. 벡의 인지행동치료는 먼저 우울증 치료에 적용되었고, 1980년대 이후에는 이러한 치료가 확대되어 여러 불안장애나 부부 문제, 섭식장애 등에도 적용되었다. 그리고 1980년대 말부터는 오랜 대인관계 문제나 성격문제를 가지고 있는 내담자들을 다룰 수 있는 방향으로 치료기법이 확장되고 있는 추세다.

인지행동치료는 정신분석 심리치료에 비해 지시적이고 시간제한적이며 구조화된 단기치료라고 할 수 있다. 인지치료 혹은 인지행동치료는 개인의 정서와 행동이 주로 그가 세계를 구조화하는 방식에 의해 결정된다는 이론적 근거에 기초하며, 인간 행동에 대한 인지 매개 가설을 받아들여서 인지적이고 행동적인 치료 방략들을 통해 내담자의 사고와 행동을 변화시키는 것을 목적으로 한다.

인지행동치료의 기본 원리는 내담자로 하여금 자신의 문제를 초래하는 인지를 포착하고 탐지하게 하여 그러한 인지 내용에 대한 현실적이고 논리적 검증을 거쳐 인지의 현실성 · 합리성 · 적응성을 평가하며, 부적응적 인지를 제거 또는 감소시키거나 적응적인 인지로 대체시키는 것이라고 할 수 있다.

인지행동치료 기법들은 왜곡된 개념화와 이러한 인지 밑에 깔린 역기능적인 신념도식을 파악하고 현실을 검증하며 수정하기 위해 고안되었다. 이를 통해서 내담자는 자신의 사고를 재평가하고 수정함으로써 이전에는 스스로 극복할 수 없다고 생각한 문제나 상황에 대처하는 것을 학습한다. 치료자는 내담자가 자신의 문제에 대해 보다 현실적이고 적응적으로 생각하고 행동하도록 도움으로써 증상을 경감시킨다.

인지행동치료에서는 다양한 인지적 방략과 행동적 방략을 사용하며, 이를 통해 다음과 같은 것들을 배운다.

• 부정적이고 자동적인 사고를 검색하기

- 인지, 정서, 행동 간의 관련성을 인식하기
- 왜곡된 자동적 사고의 증거와 반대 증거를 검토하기
- 편향된 인지를 보다 현실지향적인 해석으로 대체하기
- 경험을 왜곡하는 소인으로 작용하는 역기능적 신념을 파악하고 수정하기

(1) 역기능적 신념

인지행동치료에서 개인은 자신과 세상에 대한 역기능적 신념을 가지고 있어서 다양한 상황을 위협적인 것으로 해석하기 때문에 불안을 경험한다고 가정한다. 역기능적 신념은 한 개인이 주변자극을 선택적으로 받아들이고 자극의 의미를 해석하여 자신의 경험을 나름대로 체제화하는 틀이다. 벡은 이러한 역기능적인 신념이나 도식이 어린 시절의 경험에 의해 형성된다고 보았다. 이러한 역기능적 신념은 세상 일반에 대한 일반적인 신념이나 원칙으로서 흔히 절대주의적이고, 당위적이며, 이상주의적이고, 완벽주의적이며, 융통성이 없는 내용으로 구성되어 있다.

범불안장애 내담자들에서 볼 수 있는 역기능적인 신념들은 주로 수용, 능력, 책임감, 통제, 불안 증상 자체 등의 주제와 관련된다. 이러한 인지적 취약성을 가진 사람이 스트레스나 부정적인 환경적 자극에 직면하면 심리 장애가 발생하게 된

다. 이들이 갖는 역기능적 가정들로는 '다른 사람의 사랑을 받지 못하면 행복해질 수 없다' '다른 사람의 비판은 곧 나를 거절하는 것이다' '절반의 실패는 전부 실패한 것이나 다름없다' '사람들에게 인정을 받으려면 항상 일을 잘 해야만 한다' '한 인간으로서 나의 가치는 나에 대한 다른 사람의 평가에 달려 있다' '나는 항상 모든 일을 통제해야만 한다' '나는 언제나 평온하고 자연스러워야 한다' 등이 있다.

이러한 역기능적 가정과 관련하여 일단 상황을 위협적으로 지각하게 되면 상황의 위협적인 측면에만 선택적으로 주의를 기울이게 된다. 범불안장애 내담자들은 특정 상황에 대한 일관적인 회피를 보이지는 않지만 종종 보다 미묘한 수준에서 회피가 나타나며, 이러한 회피를 통해 부정적인 인지가 계속 유지된다.

역기능적인 도식은 불안장애의 하위유형에 따라 특정의 내용을 가진다. 범불안장애는 만성적인 걱정이 특징적이며, 그 밖에 적절히 대처할 수 없다는 생각, 걱정 자체에 대한 긍정적인 신념과 부정적인 신념 등이 있을 수 있다. 공황장애에서는 신체감각들을 파국적으로 오해석하는 경향과, 불안 증상과 다른 신체감각들의 위험한 성질에 대한 평가 및 가정들이 주로 있게 된다. 특정공포증에서는 사람들이 특정 상황이나 대상을 위험과 관련지으며, 그러한 위험한 자극에 노출되면 부정적인 사건이 일어난다고 가정한다.

역기능적인 신념을 많이 지닌 사람은 부정적 생활사건에 부딪치면서 인지적 왜곡을 통해 생활사건의 의미를 부정적으로 왜곡한 자동적 사고를 발생시키는데, 이러한 자동적 사고는 감정 및 행동상의 심리적인 문제를 야기하게 된다.

(2) 인지적 왜곡

내담자들은 자기패배적인 역기능적 신념이나 가정을 버리기를 망설이는데, 역기능적 가정을 포기할 경우에 무언가 중요한 것을 잃게 된다고 믿기 때문이다. 내담자는 비록 신념을 변화시킴으로써 얻는 이득을 알지만 다른 한편으로는 손해가 더 크다고 생각할 수도 있다. 이러한 역기능적 가정이 활성화되면 역기능적 도식의 내용과 일관되게 사건을 해석하게 되고 정보처리에서 편향이 생겨나는데, 이것을 인지적 왜곡 혹은 인지적 오류라고 부른다. 여기에는 임의적 추론, 선택적 추상화, 과잉일반화, 극대화 혹은 극소화, 개인화, 파국화, 독심술적 오류 등이 있다.

임의적 추론은 충분한 근거가 없는데도 쉽게 어떤 결론을 내리는 경우에 해당한다.

선택적 추상화는 보다 중요하고 관련된 특징들을 무시하고 선택적인 한 측면에만 초점을 둘 때 일어날 수 있다. 예를 들어, 여러 청중 앞에서 발표를 했을 때에 많은 사람이 긍정적인 반응을 했음에도 한두 명의 부정적 반응에만 선택적으로 주의를 기울여 자신의 발표는 실패라고 단정하는 것이다.

과잉일반화는 한 결론을 이와 무관한 다른 상황이나 사건들에 광범위하게 적용하여 관련짓는 것이다. 한두 번의 실연 경험으로 '나는 항상 누구에게나 실연당할 것'이라고 생각하는 것이 이런 예다. 그리고 어떤 경우에 경험한 사건의 중요성을 지나치게 확대하거나 축소할 수 있을 것이다.

개인화는 객관적인 근거가 없음에도 외부적인 사건을 자신과 관련짓는 것이다. 예를 들어, 어떤 사람이 자기 옆에 있는 휴지통을 차고 갔을 때 상대방이 자기에게 화가 나서 그런 행동을 했다고 추론하는 경우다. 나중에 확인해보면 휴지통을 차고 간 사람은 다른 일로 화가 나서 그런 행동을 했다고 말한다.

파국화는 어떤 사건이 일어날 확률을 과대평가하여 가능한 최악의 결과를 예상하는 경우다. 이러한 예는 공황장애가 있는 내담자들이 사소한 신체감각이 느껴질 때 이를 확대해석하여 이러다 미치거나 죽는 것이 아닐까 하는 파국적인 해석을 하는 경우다.

독심술적 오류는 명백한 증거가 없는데도 사람들이 자기에게 부정적으로 대한다고 가정하는 경우다.

(3) 자동적 사고[5]

백은 우울한 내담자들의 경우 상실, 실패, 패배, 무능의 주제와 관련된 부정적이고 비관적인 생각과 심상을 가지고 있다는 것을 발견하였다. 이러한 부정적이고 비관적인 사고는 의식적인 주의와 노력을 기울이지 않으면 내담자 자신에게 잘 의식되지 않으며, 촉발사건 혹은 환경자극에 의해 의식되지 않은 채 자동적이고 습관적으로 유발되는 경향이 있는데, 백은 이러한 인지를 부정적인 자동적 사고라고 명명하였다. 불안을 경험하는 사람들은 주로 위협, 위험, 불확실성 등의 주제와 관련된 자동적 사고를 가지는 경향이 있다.

내담자의 자동적인 사고는 흔히 환경적인 사건이나 상황을 부정적인 방향으로 체계적으로 왜곡하여 그 의미를 해석한 결과로 나타난다. 인지행동치료의 구체적인 과정은 내담자가 순간순간 스치고 지나가는 자동적 사고에 주의를 기울이고 이를 포착하여 파악하는 데에서부터 시작된다. 자동적 사고를 정확히 파악하는 것은 매우 중요하다. 이를 통해 자신이 그러한 생각을 가지고 있음을 깨닫게 되어야만이 자신의 생각이 행동이나 감정에 어떠한 영향을 미치고 있는지를 알 수 있게 되고, 자신의 생각을 맹목적으로 믿는 데에서 벗어나 그것을

---

5 이 부분은 주로 민병배(1993)의 글을 참고하였다.

객관적으로 평가해볼 수 있는 거리가 생겨날 수 있으며, 이를 수정할 수 있게 되기 때문이다.

어떤 내담자에게는 자동적 사고가 상담 초기부터 쉽게 파악되지만, 대부분은 되풀이되는 연습을 통해서야 어렵게 자동적 사고를 파악하게 된다. 불안한 내담자들이 자동적 사고를 파악하는 데 어려움을 겪게 되는 이유는 다음의 몇 가지로 생각해볼 수 있다.

우선, 부정적인 자동적 사고가 오랫동안 습관화되고 내담자에게는 당연한 생각이기 때문에 개인의 주의를 끌기가 어려울 수 있다. 또한 불안한 내담자들에게는 시각적 심상이 불안을 유발하는 데 중요한 역할을 하기도 하는데, 이러한 심상이 매우 짧은 순간에 스쳐 지나가기 때문에 포착하는 데 어려움을 겪을 수 있다. 마지막으로, 위험과 관련된 생각들은 불안을 유발할 수 있기 때문에 내담자들은 다양한 형태로 이를 회피하려 하는데, 짧은 순간 재앙과 관련된 생각을 경험한 후 곧바로 이를 억제하려 시도하게 되면 자신의 생각을 자세히 처리하지 못하게 되어 이를 인식하는 것이 어려울 수 있다.

① 자동적 사고 파악에 도움을 주는 기법

내담자들이 자동적 사고를 파악하는 데 도움을 주기 위한 여러 가지 기법이 있다.

첫째, 최근의 정서적 경험을 이야기하게 한다. 아직 선명하게 기억에 남아 있는 불안과 관련된 최근의 경험을 가급적 자세하고 생생하게 기술하도록 한 후, 불안과 관련된 감정이 언급되는 시점에서 "그때 어떤 생각이 들었는가?" "당시 머릿속을 스치고 지나가는 생각이 무엇인가?" "그때 어떤 이미지가 떠올랐는가?" "그렇게 불안했을 때 최악의 경우 어떤 일이 일어날 것이라고 생각했는가?" 등의 질문을 통해 자동적 사고를 이끌어낸다.

둘째, 정서 경험을 재현하기 위해 역할연기를 사용한다. 자동적 사고를 파악하는 것이 어려운 내담자의 경우 불안이 대인관계에서 일어나는 것이라면 때로 역할연기를 통해 정서 경험을 재현한 후 그때 떠오르는 생각을 파악하도록 요구하는 것이 도움이 된다. 이때 우선 내담자로부터 실제 있었던 상호작용의 내용을 자세히 들은 후 상담자가 상대 역할을 연기한다.

셋째, 상담 중에 일어나는 내담자의 정서 변화에 주목한다. 가령, 어떤 주제에 대해서 이야기를 시작하자 내담자의 표정이 변하면서 긴장된 빛이 역력히 나타난다면, "방금 어떤 생각이 스치고 지나갔습니까?"라고 질문함으로써 자동적 사고를 파악할 수 있다.

넷째, 상담자와 내담자가 같이 직접 현장에 참여하여 자동적 사고를 파악할 수 있다. 내담자가 자동적 사고를 얼마나 잘 포착할 수 있느냐 하는 것은, 얼마나 정서적 경험을 생생하게 떠올릴 수 있느냐에 많이 좌우된다. 경험이 생생하고 현실감이 있을수록 그만큼 자동적 사고를 파악하는 것이 쉬워진다. 따라서 정서를 경험하는 그 순간이 자동적 사고를 구체적이고 정확하게 파악하는 가장 좋은 기회일 수 있다. 드문 경우지만 상담자가 내담자와 함께 내담자가 불안을 느끼는 상황에 직접 참여하여 내담자의 자동적 사고를 파악할 수도 있다.

② 자동적 사고에 대한 현실검증

상담자는 내담자의 부정적인 자동적 사고를 직접적으로 논박하기보다는 소크라테스의 대화법적인 질문을 통해 내담자 스스로 자신의 자동적 사고가 현실적으로 타당한가를 평가하도록 할 수 있다. 상담시간 중에 자동적 사고에 대해 상담자와 논답식 탐색을 되풀이하게 되면 상담시간 밖에서도 자신의 자동적 사고에 대해 스스로 논답을 하며 평가할 수 있게 된다.

불안한 내담자들은 '뭔가 내가 다룰 수 없는 나쁜 일이 일어날 것 같다'는 생각을 가지고 있다. 이러한 생각의 타당성을 스스로 평가해볼 수 있도록 하기 위해서 다음의 세 가지 형태의 질문이 자주 사용된다.

첫째, 그렇게 생각하는 근거가 무엇인가? 이것은 내담자가 자신의 경험을 해석하는 논리를 검토하도록 하기 위한 질문이다. 어떻게 해서 그렇게 생각하게 되었는지를 물어서 내담자로 하여금 자신이 그렇게 생각하게 된 배경적 이유를 이야기하게 한 다음 그 논리적인 타당성을 함께 검토한다.

둘째, 달리 설명할 수는 없는가? 불안한 사람들은 상황을 보는 시각이 폐쇄적이고 제한적이어서 보다 현실적인 관점을 취하는 데에 어려움을 겪을 수 있다. "다른 식으로 볼 수는 없겠는가?" "다른 사람들은 보통 어떻게 보는가?" 등의 질문을 통해 가능한 모든 설명을 이끌어내 봄으로써 자신의 생각을 좀더 열린 마음으로 평가할 수 있는 심리적 거리를 만들 수 있다. 이러한 식의 질문은 상황을 평가하는 관점을 넓히기 위한 방법으로 자주 사용된다.

셋째, 실제 그 일이 일어난다면 과연 그렇게 끔찍스러운가? 아마도 인지적 회피 때문에 불안한 내담자들은 자신이 두려워하고 있는 상황이 과연 그렇게 끔찍한지 그리고 그러한 상황이 일어날 확률이 얼마나 되는지를 면밀히 생각해보지 않는다. 이러한 이유로 해서 일어날 수 있는 최악의 경우를 냉철히 생각해보도록 하는 식의 질문은 도움이 된다. 또한 불안한 내담자들은 자신의 대처 능력을 과소평가하여 그러한 상황에 처하면 자신이 손쓸 수 있는 것은 전혀 없다고 생각하는 경향이 있다. 따라서 이러한 질문을 통해서 내담자의 평소 대처 능력으로도 대처할 수 있는 길이 얼마든지 있음을 깨닫게 하는 것이 필요하다.

내담자는 자신의 사고 내용이 옳다고 강력하게 집착하는 경우가 많다. 이런 경우에 행동실험법을 통해 사고 내용의 사실 여부를 실제로 확인해볼 수 있다. 예를 들어, 어떤 행위에 대해 극단적인 부정적 결과를 예상하는 자동적 사고에 집착하는 내담자의 경우, 두려워하는 행동을 상담시간에 혹은 생활 장면에서 실제로 해보고 그 결과를 실증적으로 확인해보는 것이다. 내담자의 문제에 맞추어 행동실험을 구상할 때에는 상담자의 창의성이 많이 요구된다. 내담자에 대한 동기 부여를 위해서는 계획 단계에서부터 내담자가 적극적으로 관여하도록 하는 것이 바람직하다.

2) 범불안장애의 인지행동치료

범불안장애와 관련하여 인지행동치료의 초기 시도들은 세 가지 중요한 생각에 근거하였다.

첫째, 범불안장애는 개별적인 불안에 대한 반응에 의해 유지되는데, 그러한 피드백은 불안을 악순환시킨다. 그러므로 치료는 악순환을 깨트리기 위해 개별적으로 유지하는 요인들을 확인하고 수정하려고 하였다. 노출과 이완, 이와 관련된 행동적이고 생리적인 방식들이 공포불안의 치료에 성공적으로 사용되어 왔지만, 인지적인 방법들은 그동안 널리 사용되지 않았다.

둘째, 다른 불안장애를 치료하기 위해 개발된 주요 방략인 노출은 도움이 안 된다. 왜냐하면 불안의 환경적인 유발인과 그것들에 대한 행동적인 회피가 명백하지 않기 때문이다. 데이비드 발로우David Barlow도 "노출은 범불안장애에는 유용하지 않다. 무엇보다도 회피해야 할 것이 없기 때문이다"라고 하였다.

셋째, 불안은 미래의 불확실성에 대한 정상적인 반응이고 사람들의 대처 자원은 제한되어 있기 때문에, 치료에서의 강조점은 이러한 자원들을 보다 효과적으로 동원하는 방식을 찾는 것이다. 인지적인 방법들은 문제들과 걱정들을 균형 잡히게 도와주고 취약성에 관한 기대와 신념들을 변화시키는 것을 도울 수 있다. 또한 사회적 불안, 우울, 낮은 자기확신, 낮은 자존감과 같은 이차적인 문제 측면들을 다루는 데 유용할 수 있다.

인지적인 개입을 사용한 초기 연구들은 뚜렷한 효과를 보이지 못하였다. 이들은 개별적인 사고·가정·신념에 충분한 관심을 두지 않았고, 보다 건설적이고 긍정적으로 사고하는 방식을 사용하도록 돕는 데에만 치중했기 때문이었다. 또 다른 문제로, 행동적인 개입들과 함께 보다 정교화된 인지적인 방법들이 사용되어 다양한 요소의 효과가 혼입되었다.

사고나 신념을 재검토하기 위해 사용된 행동실험의 형태에서 인지적이고 행동적인 방법의 결합은 최근 들어서는 일반적으로 받아들여지지만, 1980년대 초만 하더라도 두 가지 유형의 방법은 단일한 통합 원리를 사용하지 않고 분리되어 적용되었다. 결국 불안에 특정적인 인지 과정에 대해서는 알려진 것이 없었고, 그리하여 주로 우울 연구로부터 유도된 생각에 근거하여 인지적인 개입들이 이루어졌다.

버틀러Butler의 연구는 '불안 다루기'라고 하는 중다요인적인 인지행동치료를 사용하여 유의미하고 지속적이며 반복 검증된 결과를 얻을 수 있었다. 다양한 인지적인 방법이 노출, 이완, 확신을 증가시키는 방법들과 결합되었다. 대기목록 통제집단에 비해 불안 다루기 집단은 불안 측정치뿐만 아니라 우울 측정치와 공황발작 빈도에서 유의미한 변화를 보였고, 2년간 이러한 효과가 지속되었다.

이 연구는 이전 발견에 비해 진보를 보였으며 범불안장애의 성질에 관한 많은 정보를 제공하였다. 그들 중 64%는 공포가 없는 회피 유형이었으며, 80%는 상황적인 불안을 보고하였다. 이러한 회피 내담자들은 불안을 유지시키는 인지적이거나 정동적인 형태를 미묘하게 띠고 있었다. 이러한 고무적인 결과에도 치료에 대한 반응은 여전히 일관되지 않았다. 네

담자들 중 1/3이 치료에서 어떤 이득도 보지 못했고, 유사한 비율이 다른 연구들에서도 관찰되었다.

이러한 결과를 개선하기 위해 불안에서 인지의 성질에 관해 더 많은 것을 찾아내는 것이 불가피하였다. 일련의 연구들에서 버틀러 등은 범불안장애 내담자들이 우울한 내담자와 정상 통제 피험자들에 비해 불쾌한 사건들이 자신에게 일어날 가능성을 과대평가한다는 사실을 발견하였다. 주관적인 위험 측정치와 불안 기분 측정치는 일관적으로 유의미하게 관련되었다. 이러한 관계는 불안수준, 걱정의 양, 불안의 지속적인 성질이나 특질 불안, 한 개인의 주된 관심, 특히 자기에게 위협이 되는 것에 대한 관심 등에 따라 변화하였다. 동시에 범불안장애 내담자들은 위협적인 사건의 주관적인 대가를 통제집단보다 높게 평정하였고, 모호한 재료들을 위협적이라고 일관되게 해석하였다.

이러한 발견들은 범불안장애의 인지치료 동안에 내담자의 기대를 확인하고 검토하거나 잠재적인 위협에 대해 지각된 대가와 모호한 정보의 오해석을 보다 효과적으로 다루는 방식을 학습하는 것이 유익하다는 것을 시사하였다. 클락Clark은 모호한 재료들을 위협적으로 해석하는 정도가 치료 성과에 기여한다는 것을 발견하였다. 이런 방식으로 사건들을 계속 해석하는 사람들은 악화되거나 재발되는 경향이 있었다. 이론적으로 인지치료는 치료 동안에 특정적으로 잘못된 해석과 확률, 대가에 관한 평가를 표적으로 삼거나 이러한 과정들의 원천을 표적으로 삼아야 할 것이다. 범불안장애의 가능한 원천은 걱정하게 하는 신념, 주의 과정, 사고 통제 방략, 정보처리에서 걱정의 효과 등이다.

인지치료 기법을 사용한 초기 연구들은 가능한 원천 요소들에 초점을 두지 않았고 비특정적인 치료로 얻은 이득은 비교적 적었다. 1990년대에 이르러서야 비로소 인지적인 개입 인지행동치료이 다른 형태의 치료이 경우는 행동치료보다 분명하고 일관된 장점을 가진다는 연구들이 나왔다.

경험이 많은 치료자들이 두 가지 훈련 방법을 잘 익힌 다음에 다른 센터에서 일하는 평가자에 의해 치료 성과가 평정되었다. 여기에는 다양한 범위의 인지 측정치들이 포함된다. 결과적으로 인지행동치료는 행동치료보다 더 큰 인지적인 변화와 안정적인 이득을 보였는데, 집단 차이는 초기보다 치료가 끝난 지 6개월 후에 더 컸다. 이 시기에 인지행동치료를 받은 42%의 내담자들은 행동치료를 받은 5%에 비해 개선된 결과를 보였다.

인지행동치료는 불안한 사람뿐만 아니라 우울한 사람들에게도 똑같이 도움이 되었지만, 행동치료는 그렇지 않았다. 가정과 신념에 대한 표준적인 인지적 작업에 부가하여, 인지 방법들과 이와 관련된 행동실험을 사용하여 범불안장애에서 나타나는 다양한 형태의 회피를 다루는 것은 치료자에게 보다 미묘하고 인지적이며 정동적인 유형의 회피에 관한 작업을 가능하게 한다. 이러한 작업은 사고 기대 그리고 신념에서의 변화를 도모할 수 있다.

인지행동치료의 상대적인 장점에 대한 증거는 계속 증가하고 있다. 보르코벡Borkovec과 코스텔로Costello는 응용된 이완과 인지행동치료를 비교하였는데, 두 치료 모두 범불안장애와 다른 불안장애를 구분하게 해주는 특정의 행동적이고 인지적이며 신체적인 특징들을 다룰 수 있게 만든 것이었다. 이 치료들은 비지시적인 통제집단보다 효과적이었다. 장기적인 추수치료 결과는, 이완을 받은 내담자37.5%에 비해 인지행동치료를 받은 내담자57.9%들이 높은 기능을 보여 인지치료가 보다 낫다는 것을 시사한다.

인지행동 방법들을 사용한 범불안장애의 치료가 지속적이고 일관된 효과를 보인다는 연구들이 점점 많아지고 있다. 불안의 인지적인 특징들에 대해 더 많이 알수록 그리고 이러한 방법들을 불안 인지와 걱정에 대해 알려진 것들에 적용하려는 시도가 더 있을수록 그 효과는 더욱 분명해질 것이다. 보다 성공적인 치료에서 어떤 인지적인 측면이 표적이 되었는지를 정확히 아는 것이 도움이 될 것이다. 하지만 이러한 설명에서는 단지 일반적인 언급만이 가능하다.

인지치료는 지각된 위협과 지각된 자원들 간의 균형으로 설명한 벡의 인지 취약성 모델에 주로 근거하였다. 보다 구체적으로 설명하면, 범불안장애의 걱정의 초점이 변할 것이고, 특정 관심사에만 적용되는 방략이 제한적으로 사용될 것이라는 것이다. 이러한 딜레마에서 빠져나오는 방법은 불확실성을 다루는 방식 혹은 걱정을 확인하고 통제하는 방식과 같은 공유 부분에 초점을 두고 기저의 가정과 신념 또는 의미에 대해 작업하는 것이다.

범불안장애의 인지행동치료가 보다 효과적으로 되었지만 여전히 단순공포증과 공황장애와 같은 다른 불안장애들보다는 뒤떨어져 있다. 공포불안이나 공황발작이 치료된 것에 대한 준거는 비교적 개발하기 쉽지만, 일반화된 불안이 치료된 것에 대한 준거는 그렇게 분명하지 않기 때문에 부분적으로 이것은 사용된 측정치의 인위적인 효과일 수 있다.

공포나 공황발작과는 달리 중등 정도의 걱정과 불안은 삶을 살아가는 데 불가피하고 오히려 도움이 될 수 있다. 그러므로 그것들을 완전히 제거하는 것은 합리적이지 않다. 하지만 범불안장애의 인지 모델에서는 정상적 걱정과 비정상적 걱정 간의 차이에 관한 분명한 조망과, 무엇이 측정되고 변형되어야 하는지에 대한 함의를 제공하고 있는데, 치료 과정에서 세

속 개선할 여지가 있다. 범불안장애에 대한 보다 특정적인 모델과 이와 관련된 걱정에 대한 더 나은 이해는 보다 특정적이고 효율적인 치료의 개발에 관한 가설들의 새로운 원천을 제공해야 할 것이다.

3) 범불안장애의 인지행동치료 예시

범불안장애의 인지행동치료는 자신의 사고들을 기술하게 하고 그러한 사고들을 지지하는 증거와 반대 증거를 검토함으로써 걱정의 부정적인 내용에 도전하게 돕는다. 내담자들의 실제 삶의 문제에 대해서는 표준적인 문제해결적 방략이 또한 도움이 된다.

내담자들은 결정 내리는 것을 회피하고 지연하는 것이 어떻게 걱정을 유지시키는지를 보다 잘 알게 된다. 특정 시간까지 걱정을 유보하는 자극통제와 같은 절차는 걱정으로부터 일정한 거리를 유지하게 도와준다. 걱정 자체에 대한 신념에 초점을 두는 것도 특히 도움이 될 수 있다.

내담자들은 우선 걱정에 대한 걱정과 이러한 생각들을 통제하려는 시도가 불안을 유지한다는 범불안장애에 대한 모델을 이해해야 한다. 그리고 통제를 포기하고 걱정에 대한 부정적인 신념에 도전하는 행동실험을 수행하도록 한다. 예를 들어, 걱정을 함으로써 심리적인 통제를 상실할지도 모른다는 생각을 하는 내담자에게는 걱정을 더 하게 시도함으로써 이것을 검증해보도록 한다. 치료 후반부에는 걱정에 대한 긍정적인 신념도 다루어진다.

인지행동치료는 단기적이고 매우 구조화된 치료 프로그램으로서, 내담자의 상태나 문제에 따라 다양한 변산이 있을 수 있지만 표준적인 인지행동치료 프로그램의 한 예를 제시하면 다음과 같다.

1회기

1. 최근의 몇 가지 걱정에 대해서 알아보고, 걱정과 관련된 범불안장애의 모델을 세운다.
2. 치료자와 내담자가 이 모델을 함께 검토한다.
3. 걱정에 대한 걱정이 어떤 효과가 있는지를 알아보고 의문을 가져봄으로써 치료에 대한 교육과 이해를 하고, 실제로 사고 억제 실험을 해본다.
4. 회기가 끝난 후에 집에서 할 숙제를 내준다.
   - 다음 시간까지 걱정사고 기록을 해오게 한다.
   - 가능하면 평소에 사고 통제 시도를 그만두게 한다.

2회기

1. 지난 시간에 내준 숙제를 검토한다. 결과를 보고 범불안 장애 모델을 수정한다.
2. 걱정에 대한 부정적인 신념들과 비생산적인 통제 시도들을 검토할 필요가 있음을 강조한다.
3. 특정의 부정적인 신념들예: 통제 불가능성, 위험을 언어적으로 그리고 행동적으로 재귀인시킨다.
4. 회기 후에 할 숙제를 내준다.
   - 걱정사고 기록을 계속하게 한다.
   - 걱정들을 연기하게 해본다.
   - 역설적인 실험들예: 통제를 잃거나 미쳐보는 시도을 해보게 한다.

3회기

1. 숙제를 검토하고 그 결과를 토대로 모델을 수정한다.
2. 부정적인 신념들과 신념 수준을 이끌어내고 도전한다 역설적인 실험들을 계속한다.
3. 회피의 성질을 탐색한다.
4. 회기 후에 할 숙제를 내준다.
   - 예언을 검증하기 위한 행동실험들을 해보게 한다.
   - 걱정 회피행동을 못하게 한다.

- 사고 통제를 계속해서 못하게 한다.
- 걱정들을 연기하게 한다.

4~10회기

1. 숙제를 검토한다.
2. 특정의 부정적인 신념들을 계속해서 도전한다.
3. 긍정적인 신념들을 이끌어내어 도전한다.
4. 노출실험들을 계속한다.
5. 숙제를 내준다.
   - 예언을 구체적으로 검증해본다.
   - 걱정을 '놓아버리는' 개념을 도입한다.

   (걱정을 대처로 사용하지 못하게 한다.)

   - 회피를 못하게 한다.

5~14회기

1. 숙제를 검토한다.
2. 남아 있는 부정적이고 긍정적인 신념들을 작업한다.
3. 부가적인 문제들을 개념화하고 작업한다사회적인 두려움 등.
4. 남아 있는 회피를 검토하고 수정한다.
5. 대안적인 처리 방략들을 훈련한다.
6. 치료의 청사진을 개발한다.

치료 회기의 초점을 잡기 위해 범불안장애 척도(GADS)에 대한 각 회기반응을 사용한다. ◈

3. 약물치료

항불안제는 일정한 자극에 대한 반응의 저하와 자발적 행위 혹은 사고의 감소 같은 진정 효과를 일으키며, 다량을 복용했을 경우에는 다행감, 흥분, 판단장애, 자제력의 상실 등을 가져오기도 한다. 항불안제를 장기간 복용하는 경우에는 내성 및 신체적 의존 등이 생기고, 갑자기 복용을 중단하면 금단 현상이 나타난다.

가장 흔히 처방되는 치료 약물은 벤조디아제핀 계열의 약물이다. 범불안장애의 치료에 벤조디아제핀을 사용한 많은 연구가 수행되었으며, 처치 이후에 긍정적인 결과가 많이 보고되었는데, 이 약물은 자극에 대한 과민성을 저하시키고 사고와 행동을 감소시키는 진정 효과를 나타내었다. 이 약물의 효과는 인정되었지만, 단기적으로 처치된 실험 상황에서 상당한 위약 효과가 나타나 약물 처치의 순수한 효과를 판단하기가 어렵다는 연구도 있다. 게다가 상당수의 피험자가 약물 복용을 중단한 다음에 재발되기가 쉬웠다. 부스피론 역시 범불안장애 내담자들에게 잘 듣는 약물인데, 벤조디아제핀처럼 효과가 좋을 뿐만 아니라 부작용도 적다.

하지만 가바드Gabbard는 항불안제가 불안을 감소시키거나 없앨 수는 있지만 결국은 일시적인 해결책일 뿐이라고 하였다 (Gabbard, 2014). 가장 분명한 문제점은 약물을 계속 복용하고 있을 때에만 효과가 유효하다는 것이다. 그는 약물치료를 통해서는 불안을 야기한 숨겨진 요인을 밝혀낼 수 없다고 보았다. ◆

4. 불안이나 걱정 다루기

앞서 기술한 바와 같이 불안은 일상생활 속에서 느끼는 위험이나 위협에 대한 심리적인 반응이며, 현실적인 위협이나 위험에 대해서 준비 태세를 갖추고 경계하는 일은 우리의 생존을 위해서 필요한 적응적인 반응이라고 할 수 있다. 적절한 긴장을 유지하면서 집중해서 일을 할 때 주어진 일을 가장 능률적으로 처리할 수 있고 효율적으로 에너지를 사용하게 될 것이다.

하지만 특별한 이유도 없이 실제적인 위험과 위협의 정도보다 지나치게 심한 불안을 불필요하게 지속적으로 경험할 때에는 심리적인 고통이나 불편감을 느끼게 되고, 일상생활이나 공부를 적절히 수행해나가는 데에 지장이 생기며, 사람들하고 같이 지내는 것을 회피하게 될 수도 있다.

우신은 앞서 소개한 밈불안장애에 관한 사기보고 질문시들

🔑 불안의 자가 진단

아래의 항목들은 불안한 상태에서 경험할 수 있는 것들입니다. 먼저, 각 항목을 주의깊게 읽고, 지난 한 주 동안 당신의 경험이나 상태를 그 정도에 따라 적절한 숫자로 기입하여 보십시오.

1	2	3	4
전혀 그렇지 않다	가끔 그렇다	자주 그렇다	항상 그렇다

1. 침착하지 못하다.	1 2 3 4
2. 나쁜 일이 일어날 것 같은 생각이 든다.	1 2 3 4
3. 자주 손이나 다리가 떨린다.	1 2 3 4
4. 가끔씩 심장이 두근거리고 빨리 뛴다.	1 2 3 4
5. 흥분된 느낌을 받는다.	1 2 3 4
6. 어지럼증이나 현기증을 느낀다.	1 2 3 4
7. 편안하게 쉴 수가 없다.	1 2 3 4
8. 자주 겁을 먹고 무서움을 느낀다.	1 2 3 4
9. 신경이 예민하다.	1 2 3 4
10. 가끔씩 숨이 막히고 질식할 것 같다.	1 2 3 4
11. 안절부절못한다.	1 2 3 4
12. 미치거나 죽을 것 같은 두려움을 느낀다.	1 2 3 4
13. 자주 소화가 잘 안 되고 늘 배 속이 불편하다.	1 2 3 4
	1 2 3 4
14. 자주 얼굴이 붉어지곤 한다.	1 2 3 4

15. 근육이 긴장되고 뻣뻣해지고 저린다.

채점 및 해석

15개 항목에 대해 당신이 기입한 숫자를 합한 수가 총점이 되며, 총점의 범위는 0~45점이다.

- 0~9점: 심리적으로 안정되어 있으며 매우 정상적인 수준의 불안을 경험하고 있다.
- 10~19점: 가벼운 정도의 불안을 경험하고 있는 것 같다. 현재의 상태가 크게 문제될 것은 없으나 좀 더 안정을 찾는 방법을 강구해야 할 것이다.
- 20~29점: 상당한 정도의 불안을 경험하고 있으며, 이의 극복을 위해 적극적인 노력을 해야 할 것이다.
- 30점 이상: 심한 불안 상태에 있으며 가능한 한 빨리 전문가의 도움을 받아야 한다.

에 체크를 해보거나 여기에서 소개하는 불안의 자가 진단 목록에서 어느 정도 불안을 경험하는지 스스로 검토해보고, 어떻게 대처해나갈지를 생각해볼 수 있을 것이다. 물론 그 정도가 심하면 전문가의 도움을 받아 상담을 받는 것이 훨씬 효율적인 문제해결 방법이 될 것이다.

〈제이콥슨의 긴장이완 훈련〉

불안이나 스트레스를 경험할 경우 간단한 긴장이완 훈련을 통해 적절한 대처를 할 수 있다. 긴장을 이완하는 훈련 기운데 가장 잘 알려진 방법이 제이콥슨Jacobson이 개발한 근육이완 훈련이다.

근육이완 훈련을 하기 위해서는 우선 심호흡법부터 시작한다. 편한 자세로 의자에 앉아 목과 어깨의 힘을 뺀다. 눈을 감고 이마와 눈꺼풀의 힘도 뺀다. 천천히 호흡하며 숨소리에 집중한다. 어딘가 불편하면 자세를 고쳐 앉는다. 그런 후에 규칙적으로 5초 정도 숨을 들이쉬고 6초 정도 내쉬는 호흡에 몰두한다. 이런 호흡을 10회 정도 실시한 후 5분가량 그대로 앉아 있는다.

근육이완 훈련을 하려면 호흡법으로 어느 정도 안정시킨 상태에서 팔을 의자의 팔걸이에 얹은 다음 주먹을 꽉 쥐어서 긴장한다. 그렇게 5초쯤 있다가 주먹을 풀면서 팔을 팔걸이에 떨군다. 이처럼 주먹을 꽉 쥐는 긴장과 이완을 오른팔 10회, 왼팔 10회 정도 반복한다. 근육이완 훈련은 주먹에서 팔뚝으로 그리고 어깨와 얼굴 등으로 전신을 긴장했다가 이완하는 방식으로 진행한다.

이런 근육이완 훈련은 처음에는 하루에 여러 번 반복하는 것이 필요한데, 익숙해지면 직장이나 학교에서 생활하는 도중에 5분 내지 10분 정도의 시간만 반복할 수 있어도 불안이나 스트레스 때문에 긴장하고 흥분되는 것을 조절할 수 있다.

〈심상 기법〉

심상 기법을 실시하는 요령은 다음과 같다. 우선 조용한 장소에서 안락의자 같은 데 편안히 기대어 앉는다. 눈을 감고 아름다운 자연을 떠올린다. 이 경우 실제로 경험했던 그런 자연 속에서 참으로 편안하고 평화스러웠던 장면을 구체적으로 떠올린다. 구체적으로 기록한 글을 읽으면서 그 장면을 떠올리고, 떠올린 자연 속으로 자신을 들여보낸다.

이때 구체적으로 한 장면 한 장면 떠올리면서 심상으로 경험을 재연한다. 예컨대, 푸른 들판이나 모래사장에 누워 있는 자신을 그릴 수도 있다. 푸른 하늘을 떠올리고 맑은 공기까지 느끼도록 심상을 유도한다. 이렇게 편안했던 장면을 재경험하고 풍부하게 느끼면서 편안한 상태에서 3분쯤 머무른다. 그리고 천천히 눈을 뜨면 아주 깊은 숙면을 취한 것처럼 안정되고 이완된 것을 경험하게 된다.

일상생활에서 불안을 경험할 경우 이상에서 소개한 긴장이완 훈련이나 걱정 다루기 방법 등을 통해 적절히 대처해나갈 수 있을 것이다. 하지만 스스로 통제하기 어려운 정도로 불안이 경험되거나 고통스러우면 지체없이 전문가를 찾아가는 것이 가장 효율적인 대처 방법이라고 할 수 있다. 우리나라의 경우 정신건강 전문가들을 찾아가기는 문턱이 너무 높은 경향이 있다. 그리고 자신의 문제를 전문가들과 함께 다루고 치료하는 작업에 대해, 내담자는 스스로 대처하지 못하고 누군가에 의존해서 자신의 문제를 해결해나가는 것이 자존심이 상한다는 표현을 하는 경우도 종종 있다.

상담이나 심리치료란 누군가에게 의존하는 것이 아니라 정신건강 전문가를 적극적으로 활용하는 것이다. 심리치료는 병원에서 하는 수술처럼 가만히 있으면 아픈 곳을 알아서 치료해주는 그런 것이 아니라, 가공적이지만 어떤 체험의 장보다 농축되고 진실한 만남을 통해 무엇이 힘들고, 문제가 되며, 어떻게 해결해나갈 것인지를 상담자와 내담자가 함께 다각적으로 알아보는 만남의 장이라는 것이다.

살아가면서 누구나 난관에 부딪칠 수 있고, 반복된 좌절 경험을 통해 우울해질 수 있으며, 사소한 자극에도 위협을 느끼거나 불안해질 수 있다. 이러한 상황에서 어찌할 바를 모르고 전전긍긍하기보다는, 자신이 처한 어려움이나 문제를 건설적으로 해결할 방안을 모색해보는 보다 능동적인 대처 방안을 찾으라고 권하고 싶다. ◆

걱정 다루기와 관련된 조언

1. 좋은 걱정과 해로운 걱정을 분리시키십시오. 인생을 건설적으로 계획하면서 살아가기 위해서는 물론 좋은 걱정도 필요합니다. 하지만 해로운 걱정은 비생산적이고, 늘상 반복되며, 위협이 되고, 자기패배적인 악순환을 초래하게 됩니다. 해로운 걱정을 하지 않는 연습을 매일 하십시오.

2. 있는 그대로의 현실에 직면하십시오. 마음속에서 부정적이거나 끔찍한 결과를 예상하는 걱정을 하기보다는 구체적인 현실에 근거한 걱정을 하십시오. 지금껏 우리가 경험한 걱정 대부분은 지나고 나면 그 정도가 지나쳤다고 판단되는 경우가 많았을 것입니다.

3. 걱정만 하기보다는 당면한 문제를 분석하고 문제해결적인 행동을 하십시오. 자신의 능력과 현실을 고려하여 실현 가능하며 합리적인 계획을 짜서 실천해보십시오.

4. 혼자서 걱정에 사로잡히기보다는 걱정을 해결해나가기 위해 어떤 행동이 필요한지를 동료나 친구, 배우자와 함께 상의해보십시오.

5. 사람들과의 연대감을 경험하십시오. 자기만의 울타리를 벗어나 가족, 친구, 이웃, 동료, 직장 등으로 관심 영역을 넓히고 이들과 연대감을 경험하도록 노력해보십시오.

6. 올바른 가치를 추구하면서 살아가십시오. 자기가치를 가지고 소신껏 정직하게 살아가면 쓸데없는 죄책감에 시달리거나 다른 사람의 눈치를 볼 필요가 없을 것입니다.

7. 기도나 명상, 요가를 하는 시간을 가지십시오.

8. 적당한 양의 수면을 취하고 식사를 하십시오.

9. 기분전환을 위해 다양한 노력을 해보십시오. 따사로운 햇살을 쪼이면서 산책을 하거나 음악을 들으십시오. 유익한 영상을 보거나 책을 읽는 것도 좋고, 즐거운 노래를 불러도 좋습니다.

10. 걱정거리들을 구조화하십시오. 사소한 것이라고 귀찮게 여기지 말고 앞으로 처리해야 할 일이나 과제들을 기록하고 정리하는 습관을 들이십시오. 걱정이 되어 밤에 잠이 잘 오지 않으면 걱정거리들을 적어보십시오.

11. 삶에는 유머가 필요합니다. 유머를 가지고 대하면 걱정에 대해서도 새로운 조망이 생깁니다.

12. 닥쳐올 재앙을 걱정하기보다는 그것을 예방하는 행동을 하십시오.

13. 나쁜 것만 생각하기보다는 좋은 것을 생각하려고 애써보십시오.

14. 넓은 시각에서 보면 걱정은 사소하고 조그마한 것에 불과합니다.

15. 세상에 영원히 지속되는 것은 아무것도 없습니다. 걱정도 마찬가지입니다.

참고문헌

권석만(1995). 심리학 연구의 통합적 탐색: 정신병리와 인지 I : 정서장애를 중심으로. 한국심리학회 세미나, 1995(0), 49-95.

권석만(2013). 현대 이상심리학(2판). 서울: 학지사.

김열규, 이시형, 전병재(1997). 한국인의 화병: 그 정신문화적 진단과 처방. 성남: 한국정신문화연구원.

김정원, 민병배(1998). 걱정과 불확실성에 대한 인내력 부족 및 문제해결 방식과의 관계. 한국심리학회 연차학술발표대회 논문집, 1998(1), 83-92.

김중술 외(1994). 대학 상담과 인지치료 세미나 발표집. 서울: 서울대학교 학생생활연구소.

민성길(1991). 화병과 한. 대한의학협회지, 34, 1189-1198.

윤순임, 이죽내, 김정희, 이형득, 이장호, 신희천, 이성진, 홍경자, 장혁표, 김정규, 김인자, 설기문, 전윤식, 김정택, 심혜숙(1995). 현대 상담·심리치료의 이론과 실제. 서울: 중앙적성출판사.

이용승, 원호택(1999). 사고억제와 통제방략에서의 개인차에 관한 연구. 한국심리학회지: 임상, 18, 37-57.

이한주(1999). 자생성 강박사고와 반응성 강박사고에 대한 평가와 통제방략의 차이. 서울대학교 대학원 석사학위 청구논문.

American Psychiatric Association. (2013). *Diagnostic and statistical manual of mental disorders* (fifth edition).

Clarkin, J. F., Yeomans, F. E., & Kernberg, O. (2006). *Psychotherapy for the borderline personality: Focusing on object relations.* Arlington, VA: American Psychiatric Publishing.

Moore, B., & Pine, B. (1990). *Psychoanalytic terms and concepts.* New Haven, CT: American Psychoanalytic Association & Yale University Press.

Gabbard, G. (2014). *Psychodynamic psychiatry in clinical practice* (5th ed.). Washington, DC: American Psychiatric Press.

Leuzinger-Bohleber, M., & Target, M. (Eds.). (2002). *Outcomes of psychoanalytic treatment: Perspectives for therapists and researchers.* New York: Brunner-Routledge.

Mentzos, S. (1982). *Neurotische Konfliktverarbeitung.* München: Fisher Taschenbuch Verlag.

Tomae, H., & Kaechele, H. (1987). *Psychoanalytic process.* New York: Springer-Verlag.

Wells, A. (1997). *Cognitive therapy of anxiety disorder.* Chichester: John Wiley & Sons.

Wells, A., & Butler, G. (1997). Generalized anxiety disorder. In D. M. Clark & C. G. Fairburn (Eds.), *Science and practice of cognitive behaviour therapy* (pp. 155-178). New York: Oxford University Press.

찾아보기

《인 명》

◎ 저자 소개

이용승(Lee, Yongseung)
서울대학교 심리학과를 졸업하고 동 대학원에서 석사학위와 박사학위
(임상심리학 전공)를 받았다. 서울대학교병원에서 임상심리 수련과정
을 수료하였고, 임상심리전문가 및 정신보건임상심리사(1급) 자격을
취득하였다. 현재 서울정신분석상담연구소의 부소장으로, 임상 현장
에서 심리치료 활동을 하고 있다. 주요 저서로는 『범불안장애』(2판),
『강박장애』(2판, 공저), 『자폐증』(2판, 공저) 등이 있고, 주요 역서로는
『지그문트 프로이트』 『경계선 내담자를 위한 전이초점 심리치료 입
문』(공역), 『경계선 장애와 병리적 나르시시즘』(공역), 『남녀관계의 사
랑과 공격성』(공역) 등이 있으며, 환청, 애착, 사고억제, 분리-개별화이
론, 부정적 치료반응, 정신분석에서의 동기이론 등과 관련된 다수의
논문이 있다.

ABNORMAL PSYCHOLOGY 4

범불안장애 과도한 걱정과 불길한 기대

Generalized Anxiety Disorder

2000년 9월 20일 1판 1쇄 발행
2013년 1월 25일 1판 6쇄 발행
2016년 7월 15일 2판 1쇄 발행
2023년 8월 10일 2판 4쇄 발행

지은이 • 이 용 승
펴낸이 • 김 진 환
펴낸곳 • (주)**학지사**

04031 서울특별시 마포구 양화로 15길 20 마인드월드빌딩 5층

대표전화 • 02) 330-5114   팩스 • 02) 324-2345

등록번호 • 제313-2006-000265호

홈페이지 • http://www.hakjisa.co.kr
인스타그램 • https://www.instagram.com/hakjisabook/

ISBN 978-89-997-1004-9 94180
      978-89-997-1000-1 (set)

정가 9,500원

출판미디어기업 **학지사**

간호보건의학출판 **학지사메디컬** www.hakjisamd.co.kr
심리검사연구소 **인싸이트** www.inpsyt.co.kr
학술논문서비스 **뉴논문** www.newnonmun.com
원격교육연수원 **카운피아** www.counpia.com